cLV

WILHELM BUSCH

JOHANNES BUSCH

Ein Botschafter Jesu Christi

CLV

Christliche Literatur-Verbreitung e. V.
Ravensberger Bleiche 6 · 33649 Bielefeld

2. Auflage 2018 (CLV)

Ravensberger Bleiche 6 · 33649 Bielefeld
Internet: www.clv.de
(erstmals erschienen 1956 im Aussaat-Verlag, Wuppertal)

Satz: EDV- und Typoservice Dörwald, Steinhagen
Umschlaggestaltung: Lucian Binder, Marienheide
Druck und Bindung: GGP Media GmbH, Pößneck

Artikel-Nr. 256349
ISBN 978-3-86699-349-5

Für unser Leben
ist nur eines wichtig:
dass es ganz fest
in der Hand unseres Gottes ruht
und von Ihm geführt
und gestaltet wird.

Johannes Busch

INHALT

VORWORT ZUR NEUAUFLAGE

»Ein Busch ist mehr wert als ein ganzer Wald von Pastoren!«

In diesem Jahr jährt sich der Todestag von Pastor Johannes Busch – er starb vor 60 Jahren am 14.4.1956. Zehn Jahre später, also vor 50 Jahren, starb sein älterer Bruder Pastor Wilhelm Busch, der Autor dieses Buches.

Beide haben die meiste Zeit ihres gesegneten Lebens und Dienstes im »Ruhrpott« verbracht, Johannes in Witten und Wilhelm im benachbarten Essen. Leiblich, geistlich und freundschaftlich miteinander eng verbunden, wurden sie in diesem dicht bevölkerten Gebiet bekannte und prägende Persönlichkeiten. Dass in den Nachkriegsjahren durch ihren Einfluss im Ruhrgebiet – und besonders in den Städten Essen, Witten und Mülheim – Zentren erwecklichen Lebens entstanden, kann man sich heute kaum noch vorstellen.

Der bekannte, originelle und kantige Pastor Heinrich Kemner, der in jungen Jahren als Vikar in Witten entscheidend durch Johannes Busch geprägt wurde, schreibt in seinen Lebenserinnerungen »Da kann ich nur staunen« treffend über die Brüder Busch:

»Bei den Buschs konnte man sehen, wie natürlich Glaube und Christentum Menschen prägen können. Man sagte damals: Ein Busch ist mehr wert als ein ganzer Wald von Pastoren ...«

Aber auch über das Ruhrgebiet und ganz Deutschland hinaus wurden Johannes und Wilhelm Busch durch ihre Evangelisationen und Vorträge bekannt. Schließlich wurden sie auch durch ihre Bücher Generationen von jüngeren und älteren

Menschen bis in unsere Zeit zu Vorbildern und Wegweisern, unserem Herrn Jesus Christus nachzufolgen. Daran soll in dieser eindrücklichen Biografie erinnert werden.

In diesem Buch schildert Wilhelm Busch auf ergreifende Weise, in welch eine Segenslinie sie als Brüder hineingeboren wurden und welch ein Geschenk gottesfürchtige, echte, ansteckend fröhliche Eltern und Großeltern für nachkommende Generationen sein können. Das sollte uns heute Mut machen.

Inzwischen hat sich vieles geändert. Nicht nur das Ruhrgebiet ist heute nach über 50 Jahren kaum wiederzuerkennen. Auch der CVJM, von dem in diesem Buch viel die Rede ist, hat sich stark verändert. Ämter wie »Bundeswart«, Veranstaltungen wie »Bundeszeltlager«, »Bundesposaunenfest« usw. klingen ziemlich antiquiert und weit weg.

Wahrscheinlich reibt sich auch mancher Leser verwundert die Augen, wenn er liest, dass Johannes Busch tatsächlich ein Synodaler der EKD war, auf dessen Wort gehört wurde und dessen vollmächtige Schlussandachten eine tiefe Wirkung auf die anwesenden hohen Herren hatten. Auch das kann man sich heute, wo sich fast jeder bekennende, bibelgläubige Pastor auf einer Art Schleudersitz befindet, selbst in kühnsten Träumen kaum vorstellen.

Tatsächlich war und blieb Johannes Busch damals ein »Mann der Kirche«, in die er sich von Gott hineingestellt fühlte. Tröstlich, dass sein Freund, Pfarrer Rudolf Schmidt (Meinerzhagen), in der Nachversammlung bei der Beerdigung über ihn sagen konnte: *»Er hat in 20 Jahren zwei Worte nie verwechselt: Er hat niemals das Wort ›Kirche‹ gesagt, wo er das Wort ›Jesus‹ sagen musste.«*

Für mich als damals 15-jähriger, aufmüpfiger Teenager war diese Biografie ein Augenöffner. Von CVJM und EKD hatte ich damals keine Ahnung, und ein Leben mit und für Gott schien mir in keiner Weise lohnenswert. Aufgewachsen in einer konservativen, gutbürgerlichen Brüderversammlung in Schwelm und in einem Elternhaus, in dem Vater und Mutter vorbildliche Christen waren, schien mir ein Leben als Christ dennoch äußerst langweilig und öde zu sein. Was mir Spaß machte, das wurde mir verboten, und was mir erlaubt wurde, das machte mir keinen Spaß …

Bis mir diese Biografie in die Hände geriet – und das kam so:

Auf dem Weg zu meiner Lehrstelle als Drogist musste ich mich immer im Eingang einer Buchhandlung unterstellen, wenn es regnete, während ich auf die Straßenbahn wartete, die mich nach Wuppertal brachte. Es war im Frühjahr 1961 – und es regnete oft.

Im Schaufenster der Buchhandlung fiel mir ein rotes Buch mit einem großen Glatzkopf auf der Titelseite in die Augen. Es war wohl das einzige christliche Buch in der Auslage – mit dem Titel: »Johannes Busch – Ein Botschafter Jesu Christi«. Der Autor: Wilhelm Busch. Tage- oder wochenlang stand dieses Buch dort, und fast jeden Morgen sahen mich ernste, durchdringende Augen an. Mit dem Namen und dem Titel konnte ich nichts anfangen. Wilhelm Busch war mir als Humorist gut bekannt und sein Gedicht über den »Nöckergreis« kannte ich auswendig. Doch dieser Busch hier konnte wohl kaum etwas mit ihm zu tun haben.

Aus irgendeinem Grund prägte sich mir der Kopf und Titel des Buches ein, ich wurde etwas neugierig, und als meine Mutter mich fragte, ob ich irgendeinen Wunsch für meinen bevorstehenden Geburtstag habe, sagte ich spontan: »Schenk mir dieses Buch da aus der Buchhandlung. Dieser Glatzkopf hat mich nun schon so lange angeschaut und ich möchte mal lesen, wer dieser Mann ist.«

Meine liebe Mutter hat mir sehr gerne diesen Wunsch erfüllt, und so las ich diese Lebensgeschichte, die mein falsches Bild von Christsein völlig auf den Kopf stellte. Ich lernte durch dieses Buch ein Christenleben kennen, das so erfüllend, beneidenswert und herausfordernd war, wie ich es mir bisher in keiner Weise vorstellen konnte. Die Folge war, dass ich mir in den nächsten Wochen alle damals lieferbaren Bücher der Brüder Busch nach und nach besorgte und mit großer Freude und oft feuchten Augen verschlang. Gott hat diese Bücher benutzt, um mir die Augen für meine eigene Verlorenheit und die Einzigartigkeit unseres Erlösers zu öffnen. Für mich begann ein neues Leben, die »Umwertung aller Dinge« …

Natürlich ist klar, dass dieses Buch nicht auf jeden Leser die gleiche Wirkung haben wird – zumal sich die Welt und auch die Christenheit seitdem gewaltig verändert hat. Doch Gott kann in seiner Souveränität auch heute noch diese beeindruckende Lebens- und Familiengeschichte benutzen, um Hunger nach einem Leben zu wecken, das zur Ehre Gottes und zur Freude und Ermutigung unserer Mitmenschen dient.

Meinerzhagen, im Frühjahr 2016

Wolfgang Bühne

VORWORT DES AUTORS

Als ich nach der Trauerfeier vom Grab meines lieben Bruders Johannes wegging, sah ich hinter einem Gebüsch einen jungen Mann hemmungslos weinen. Das schien mir der ergreifendste Nachruf zu sein.

Kurz nachher stellten sich mir zwei andere junge Männer in den Weg: »Wir möchten so gerne etwas aus dem Leben des Bundeswarts wissen. Verstehen Sie? Wie er als Junge war! Und als Student!«

Diese jungen Männer hatte ich im Auge, als ich der Bitte des Vorstands im Westdeutschen Jungmännerbund nachkam, einiges über das Leben meines Bruders aufzuschreiben. Diesen jungen Männern wollte ich erzählen, »wie er als Junge war und als Student«.

Man kann einen Mann aber nicht trennen von seiner Familiengeschichte. Und so ging es gar nicht anders, als dass ich von seinen Vorfahren erzählte.

Und je weiter dieses Buch Gestalt gewann, desto mehr merkte ich: Man kann das Leben eines Mannes nicht trennen von seinem Werk. So wurde ich immer mehr dazu geführt, einiges von den Grundsätzen seiner Jungmännerarbeit hinzuzufügen.

Ich fürchte, dass das Ganze nun keine organische Einheit geworden ist, denn wenn ich von den Prinzipien der Arbeit sprach, dann vergaß ich die jungen Männer, die ich dort auf dem Friedhof getroffen hatte. Dann standen vor meiner Seele die Freunde und Gegner seiner Arbeit. Ich sah im Geist junge Pfarrer, die Jugendarbeit treiben wollen und nicht recht wissen, wie sie es anfangen sollen.

Zu alldem drängte der Verlag, der das Buch auf der Buchmesse in Frankfurt 1956 vorlegen wollte. Man wird es dem Buch anmerken, dass der Schreiber nicht immer die nötige Muße hatte, dass es im Gedränge vielfältiger anderer Arbeit geschrieben wurde. Das möge der Leser dem Schreiber gütigst verzeihen.

Und nun noch eins: Als ich vor Jahren eine Lebensbeschreibung meines Vaters herausgab, fragte mich ein Leser: »Hat Ihr Vater eigentlich gar keine Fehler gehabt?« Darauf habe ich ihm geantwortet: »Sicher war er ein Mensch, der täglich Vergebung der Sünden brauchte. Aber ich, der Sohn, habe die Fehler nicht gesehen.«

So ähnlich muss ich es auch hier sagen. Es schreibt der ältere Bruder, der mit Johannes auf das Herzlichste verbunden war.

Nun lege ich das Buch doch in die Hand jenes unbekannten jungen Mannes, der am Grab so herzbrechend geweint hat. Wenn er sich dadurch zu neuer Freudigkeit im Dienst für Jesus an jungen Männern rufen lässt, hat das Buch seinen Zweck erfüllt.

Essen, im Sommer 1956
Wilhelm Busch

DAS ERBE SEINER VÄTER

Am 11. März 1905 wurde Johannes Busch in Elberfeld geboren. Im nächsten Jahr schon siedelte die Familie nach Frankfurt am Main über. Damit begann für ihn das Reisen.

Es hat eigentlich nie mehr aufgehört. 1921 starb der Vater. So begann das Wandern innerhalb Frankfurts von einer Wohnung zur anderen. Als Student ist man sowieso ein Zugvogel. Und als der junge Pfarrer endlich mit seiner Frau in Witten ein Nest eingerichtet hatte, wurde er Bundeswart und Landesjugendpfarrer. Da ging die Reiserei erst richtig los. Sie wurde unterbrochen durch den Krieg, der ihn bis zum Kaukasus und zurück führte. Und nach 1945? Wer kann die Kilometer zählen, die er beim Neuaufbau des Jungmännerwerks in Westdeutschland und der ganzen evangelischen Jugendarbeit gereist ist?

Auf einer Reise nach Trier geschah es, dass er sich zur letzten Reise anschicken musste.

Jesusjünger sind ja im Grunde alle miteinander Reisende zu einem ganz großen Ziel. Von Abraham heißt es in der Bibel: »Er wohnte in Zelten und wartete auf eine Stadt, deren Baumeister und Schöpfer Gott ist.« Ich wundere mich nicht, dass Johannes Busch, dessen Leben ein beständiges Reisen war, eine besondere Liebe zu diesem Abraham hatte und dass er gerade über ihn ein Buch geschrieben hat.

Es gibt ein Reiselied der Kinder Gottes. Das beginnt so: »Himmelan, nur himmelan soll der Wandel gehn …« Johannes erzählte einmal, schon als Junge habe ihn bei einem Vers dieses Liedes ein heiliger Schauer überkommen:

»Himmelan wallt neben dir alles Volk des Herrn,
Trägt im Himmelsvorschmack hier seine Lasten gern.
O schließ dich an! Kämpfe drauf, wie sich's gebührt;
Denke: Auch durch Leiden führt die Himmelsbahn.«

Dieses Reiselied der Gotteskinder hat im Leben aller Busch-Kinder eine große Rolle gespielt. Das kam so:

Als Kinder durften wir mit den Eltern unsere Schulferien immer in der Heimat der Mutter, in dem alten Schulhaus in Hülben, verbringen.

An den Sonntagen kamen immer viele Gäste in das Haus. Die wurden in der riesigen Wohnstube an einer festlichen Kaffeetafel aufs Beste bewirtet. Und dann, wenn alles gesättigt war, zog man zum Dorf hinaus an irgendeinen schönen Platz, zum »Reienkäpfle« oder zum »Dettinger Rand«.

Flimmernd liegt der Sonnenglanz über der weiten Hochfläche. Wie Gold leuchten die reifen Felder. Dahinter erhebt sich dunkel der wundervolle Wald, der die steilen Hänge der Alb bedeckt. Auf einer Lichtung lagert man sich. Der Blick geht hinunter in das stille Waldtal, das sich gegen die weite Ebene hin öffnet: »Da draußen, stets betrogen, saust die geschäft'ge Welt …« Ein unbeschreiblicher Friede erfüllt alle.

Die kleinen Kinder bauen sich Häuschen aus den weißen Kalksteinen. Die Frauen erzählen sich von ihren Hausfrauennöten, die Männer sind in ein theologisches oder politisches Gespräch vertieft. Johannes legt sich ins Gras und hört zu. Aber bald wird es ihm zu langweilig. Er beginnt auf einen Baum zu klettern. Auf einmal ist er der Mittelpunkt aller: Die Frauen schreien erschrocken auf, wenn er sich waghalsig auf einem schwankenden Ast schaukelt. Die Männer lachen und denken wehmütig, dass sie älter werden.

Auf einmal hört man vom Dorf her abendliches Läuten. Es wird Zeit zum Heimgehen. »Jetzt singen wir noch eins!«, ruft Onkel Albrecht, der Hausherr im Schulhaus.

Wir Jungen denken: Hier passt nur ein einziges Lied: »Wie bist du doch so schön, o du weite, weite Welt!« Aber schon stimmt der Onkel Albrecht mit seiner herrlichen Stimme an:

»Himmelan, nur himmelan soll der Wandel gehn!
Was die Frommen wünschen, kann dort erst ganz geschehn,
Auf Erden nicht: Freude wechselt hier mit Leid;
Richt hinauf zur Herrlichkeit dein Angesicht!«

Seltsam! Ein Himmelslied gerade hier, wo die Erde so unbeschreiblich schön ist! Aber das Lied packt, es reißt mit. Johannes ist längst von seinem Baum heruntergestiegen und singt andächtig mit in das Waldtal hinunter:

»Himmelan wallt neben dir alles Volk des Herrn … O schließ dich an …«

So lernte er ohne viel Predigen, dass Christen Wanderer und Reisende sind, die auch über der Herrlichkeit und Schönheit eines Sommertages das wundervolle Ziel nicht vergessen können. »Alles Volk des Herrn!« Das war für Johannes kein blutleerer Begriff. Über dem Klavier in der großen Wohnstube im Schulhaus hingen zwei dunkel gewordene Ölgemälde. Sie zeigten den Großvater und Urgroßvater. Eindrucksvolle, markante Gesichter. In späteren Jahren, als Johannes am Klavier saß und »in die Tasten griff«, ging sein Blick oft zu diesen beiden Köpfen. Und es packte ihn die Sorge, ob er wohl das Erbe solcher Väter treu verwalte. An diesen Vätern lernte der Junge schon, was das bedeutet: »Alles Volk des Herrn« – zumal die Segensgeschichte dieses Schulhauses und der Väter Kullen weit zurück geht.

DAS HAUS IN DER GARTENSTRASSE

Johannes Busch hat nach dem Heimgang seiner Frau in stillen Nachtstunden für seine Kinder ein Erinnerungsbuch geschrieben. Da erzählt er von den frohen Kindertagen im Elternhaus und von der Entwicklung, die ihn schließlich zum Theologiestudium führte. Es ist uns beim Lesen, als säßen wir beim Licht der Lampe mit ihm in seinem Studierzimmer. Um ihn herum sitzen seine Kinder, und wir dürfen zuhören, wie er erzählt:

Es war eine wunderschöne Stadt, dieses Frankfurt am Main. Ausbombung, Wiederaufbau und amerikanische Besatzung haben viel verändert. Aber wir haben es alle sehr lieb gehabt, dieses vornehme und großzügige Frankfurt. Echte Frankfurter waren immer sehr stolz darauf, dass ihre Stadt früher einmal eine völlig unabhängige freie Reichsstadt war. Der Blick von einer der Brücken über den Main hin, zu beiden Seiten die reich bebauten Ufer, im Hintergrund der altehrwürdige Dom, in dem früher einmal die Kaiser gekrönt wurden – das ist berauschend schön.

Aber am schönsten ist es halt doch, wenn man über die Brücke hinübergeht, nach Sachsenhausen, jenem Stadtteil, der seine Entstehung und seinen Namen der Tatsache verdanken soll, dass Karl der Große hier unterworfene Sachsen angesiedelt hat. Heute wohnen dort die ganz Reichen in märchenhaften Villen – aber da wohnen zugleich auch die sehr friedlichen Handwerker und Gärtner, die gern ihren »Äppelwoi« trinken.

Dort, im Herzen von Sachsenhausen, stand unser Pfarrhaus, Gartenstraße 71. Frei und gemütlich stand es da, von einem kleinen Garten umgeben, der stets mehr die Spuren unserer wilden Spiele als die vieler gärtnerischer Anstrengungen zeigte.

Als ich ein Kind war, hatte die Lukasgemeinde noch keine eigene Kirche. Alles Leben der noch recht jungen Gemeinde – und es war sehr viel Leben da – spielte sich im Gemeindesaal ab, den man je nach Bedarf durch Rollwände in die verschiedenartigsten Räume aufteilen konnte. Sonntags predigte hier mein Vater, sodass oft der Gemeindesaal zu klein war. Hier waren aber auch am Sonntagnachmittag die kleinen Bibelstunden, an denen neben unserer großen Familie noch eine kleine Schar treuer Leute teilnahm. Gerade diese Bibelstunden in ihrer traulichen, familiären Art sind mir in besonders lieber Erinnerung, obwohl ich oft nicht viel davon verstand, was geredet wurde.

Zu den friedevollen Erinnerungen früherer Kindheit gehört es, wenn wir früh ins Bett mussten und von der Orgelempore, die Wand an Wand mit unserem Schlafzimmer war, das Orgelspiel des Wochengottesdienstes herübertönte. Der Organist war unerhört umfangreich. Es blieb uns immer ein Rätsel, wie er trotz seiner Korpulenz mit beachtlicher Schnelligkeit die Basstöne aus den Pedalen hervorbringen konnte.

Der Platz für die Kirche war schon vorgesehen. Er lag neben Pfarrhaus und Gemeindesaal. Aber vorläufig war er nur eine grüne, riesige Wiese, von einem rohen Bretterzaun umgeben. Welch ein Kinderparadies! Hier konnten wir nach Herzenslust spielen und toben. In der Mitte befand sich ein kleiner Hügel, um den wir bald wilde Kämpfe führten, bald friedlich auf ihm lagerten.

Dieses unvergesslich schöne Paradies auf dem Kirchplatz fand eines Tages ein jähes Ende. Die »Vertreibung aus dem Paradies« geschah dadurch, dass mit einem Mal Arbeiter mit Schaufeln, Spaten und Hacken erschienen, ihre Baubuden errichteten und unseren schönen Platz recht lieblos durcheinanderbrachten und aufwühlten. Doch kamen wir gar nicht dazu, über den Verlust unseres Spielplatzes sonderlich traurig zu sein, weil wir durch den Vater viel zu sehr in die Freude mit hineingezogen waren, dass nun endlich die Lukasgemeinde ihre eigene Kirche bekam. Zudem begann ja nun ein solch interessantes Leben auf dem Bauplatz, dass wir hell begeistert waren. Staunend sahen wir all die Geschäftigkeit und freuten uns, wenn wir sonntags auf der leeren Baustelle die Gerüste besteigen und in dem Rohbau herumturnen konnten.

Ja, es war »unsere Kirche«, die wir schon im Entstehen sehr lieb gewonnen haben. Was war das für ein Festtag, als die Grundsteinlegung stattfand! Wir haben diesen Tag mit seinen so vielen festlichen Menschen und mit dem Gewoge der Zylinder glühenden Herzens miterlebt.

Da wir »Kleinen« nicht zu dem festlichen Gottesdienst mitgehen durften, war ich recht bemüht, mir doch die Teilnahme an dieser Sache zu sichern. Das brachte mich auf den Gedanken, mir einen etwas eigenartigen Beobachtungsposten auszusuchen. Am Rand des flachen Gemeindehausdaches war ein hoher Kamin, zu dem vom Dach unseres Hauses ein schmales Brett in schwindelnder Höhe führte. Damals wunderte ich mich, dass bei dem furchtbaren Gedränge in der Tiefe nicht noch mehr Menschen auf den Gedanken gekommen waren, die Sache von diesem herrlichen Aussichtspunkt mitzuerleben. Ich jedenfalls stieg hinauf und genoss in seliger Einsamkeit das großartige Schauspiel der Grundsteinlegung.

Aber mein armer, armer Vater! Ihm blieb beinahe das Herz stehen, als er mitten in seiner Festrede mich dort oben auf einmal entdeckte. Jeden Augenblick musste er damit rechnen, dass ich abstürzen würde. Er wollte schreien und konnte das doch nicht mitten in dem so festlichen Akt. Er muss in der Tat Höllenqualen erlebt haben, als er vollends noch sah, wie ich während der Ansprache zu meiner Kurzweil auf dem Brett hin und her wandelte. Aber während sein Vaterherz von einer Angst zur anderen gejagt wurde, hat er doch Ansprache und Festfeier in Ruhe und Vollmacht zu Ende geführt. Mir selbst war es nur nachher zu verwunderlich – daran erinnere ich mich noch genau –, warum mich alle Erwachsenen so strafend ansahen; ich war mir doch keiner Schuld, höchstens einer Heldentat bewusst.

1912 wurde die Kirche fertig. Sie war wirklich ein Schmuckstück besonderer Art. Nicht nur die Orgel war so herrlich, dass des Organisten Begeisterung keine Grenzen kannte, sondern auch die Lukasgemeinde mit ihrer eigenen biblischen Prägung hatte nun ein Gotteshaus, in dem man zu Hause sein konnte. Selbst wir Kinder waren so stolz auf »unsere Kirche« – wie mochte es dann unserem Vater ums Herz sein? Breit und groß stand in der Mitte auf der Brüstung der Galerie der Spruch, der seitdem die Losung der Lukasgemeinde ist: »Des Menschen Sohn ist gekommen, zu suchen und selig zu machen, was verloren ist.«

Das Schönste aber waren die Bilder. Damit hatte es folgende Bewandtnis: Da lebte in Frankfurt ein sehr reiches Fräulein Livingston. Sie hatte den Heiland lieb gewonnen. So verbrauchte sie das väterliche Vermögen, um damit wohlzutun und Gutes zu stiften. Sie hatte auch den frommen Maler Steinhausen entdeckt, der in seiner feinen, gläubigen Art wenig Boden in Frankfurt fand. Aber hier in der Lukaskirche fanden nun beide ihre Lebensaufgabe. Wie bekam die Kirche ihr gesegnetes Gepräge durch die sprechenden Bilder dieses begnadeten Künstlers! »Meine Bilder sind meine Gebete«, hat er einmal zu unserer Mutter gesagt. Für Mama war es die größte Freude, diese biblischen Bilder zu erklären. Das wurde dann jedes Mal eine gewaltige Evangelisation und Einladung zum Heiland. Und Steinhausen stand dabei. Was er mit dem Pinsel geschaffen hatte, konnte niemand so leuchtend und jubelnd in Worte fassen wie Mama. Zwei große Seelen hatten sich gefunden. Seit jenen Tagen gehört auch für uns Steinhausen zu den großen und vollmächtigen Zeugen und Auslegern der Bibel.

In den grauenhaften Bombennächten, die Frankfurt erlebt hat, ist neben vielen anderen Kostbarkeiten auch die Lukaskirche mitsamt ihren Steinhausen-Bildern ausgebrannt. »Alles Ding währt seine Zeit – Gottes Lieb in Ewigkeit.«

Ja, Gartenstraße 71! Wenn man in unserem guten, alten und so traulichen Haus die Treppe hinaufging, kam man zunächst ins Kinderzimmer. Das schönste und größte Zimmer gehörte uns Kindern. Hier konnte es einem nicht langweilig werden. Spielsachen aller Art für Jungen und für Mädchen waren da zu finden. Wie viel glückliche Stunden haben wir hier erlebt! Nebenan war das Lernzimmer, in dem eiserne Ruhe herrschen musste, weil – wie der Name sagt – hier gelernt wurde.

In diesem Stockwerk war auch das Eltern-Schlafzimmer, in dem wir jüngeren Kinder für viele Jahre unser Bett hatten. Selten war ich so stolz in meinem Leben wie damals, als ich endlich ein Stockwerk höher rückte, dahin, wo die Schwestern schon lange ihren »Palast« hatten, und nun mit Wilhelm ein eigenes kleines Zimmer bekam. Jetzt, das war gewiss, jetzt war ich ein Mann.

Was wäre aber das schönste Haus ohne seine Bewohner! Ich muss sie euch gerade ein wenig vorstellen, die in diesem so glücklichen Haus wohnen durften und in deren Mitte ich meine Jugendjahre verleben durfte.

Die beherrschende Erscheinung im Hause war natürlich der Vater, von uns stets »Papa« genannt. Erst viel später habe ich an mir selbst gemerkt, wie sehr wir alle durch ihn geführt und geprägt worden sind. Er war ein gläubiger Jünger Jesu und ein brennender Zeuge für ihn. Es ist eine seltsame Geschichte, wie gläubige Kreise in Frankfurt ihn dort hingeholt hatten.

Bis dahin hatte ein liberaler und modernisierender Geist auf den Kanzeln der Stadt geherrscht – Christentum ohne Jesus! Vater war einer der seltenen bibelgläubigen Pfarrer in Frankfurt. Daher kam es, dass sich aus der ganzen Stadt die »Stillen im Lande« zur Lukasgemeinde hielten, um das kernige und klare Zeugnis von Jesus zu hören. Ja, weit über Frankfurt hinaus ging sein Predigt- und Evangelisationsdienst. Er ist von den Sachsenhäusern unsagbar geliebt worden.

Das Eindrücklichste an ihm war sein eiserner Fleiß. Wir waren später, als wir in mancherlei andere Pfarrhäuser hineinsahen, über den Lebensstil, den wir da kennenlernten, entsetzt. Vom Vater hatten wir gelernt, dass die, die Jesus angehören, sich freudig und gern in seinem Dienst verzehren.

Seine ungeheure Arbeitslast ließ ihm nicht viel Zeit für uns Kinder. Aber wenn er bei uns war, dann gehörte er uns ganz. So war wohl immer ein Band ganz tiefen Vertrauens zwischen dem Vater und uns. Wie viele Bilder tauchen in der Erinnerung auf! Seinen kurzen Mittagsschlaf, der oft nur 10 Minuten dauerte, hielt er gern auf dem Sofa im Esszimmer, während eines der Kinder Klavier übte, oder noch lieber bei uns im Kinderzimmer. Er legte sich dann auf die harte Holzbank, mit einem alten Stoff-Esel als Kopfkissen; und wenn er dann auch schlief – er war doch bei uns.

Wir durften ihn oft begleiten. Er war ja so ungemein treu und fleißig bei seinen Hausbesuchen. Aber dabei gab es oft sehr weite Wege. Und wir durften mit. Solange er in einem Haus war, spielten wir Ball. Aber wenn er dann wieder erschien, nahm er uns rechts und links an seine Hand, und weiter ging's zum nächsten Besuch. Wie viel prächtige Geschichten, am liebsten aus dem Leben Luthers oder anderer Gottesmänner, hat er uns da erzählt!

Am schönsten war es, wenn wir ihn den weiten Weg zum Friedhof, den Sachsenhäuser Berg hinauf, begleiten durften. Ich meine, ich hätte später nie mehr einen so schönen Friedhof gesehen wie diesen stillen, verträumten Gottesacker in Sachsenhausen. Oft schickten die Angehörigen auch eine Kutsche, einen »Fiaker«, damit Vater den weiten Weg nicht zu gehen brauchte. Solche Beerdigungen waren ein wahres Fest für uns Kinder. Ich meine, ich höre noch das gemächliche Rattern und Rollen der Räder in meinen Ohren und das Traben des Pferdchens. Dass eine Beerdigung auch etwas unsagbar Trauriges sein könnte, haben wir damals noch nicht gewusst. – Dort oben auf dem Friedhof ruhen nun beide Eltern und auch mein kleiner Bruder Theo. Dort auf dem so stillen und friedevollen Platz schlummern sie dem Tag der Auferstehung entgegen.

Vater war eigentlich ein ernster Mann. Und doch konnte er so überzeugend Freude und Lachen ausstrahlen. Ich habe immer bewundert, wie hinreißend er eine ganze Gesellschaft unterhalten konnte, bald mit packenden Problemen, bald mit einer Fülle fröhlicher Scherze und Geschichten. Wie konnte er so unendlich gemütlich und unbeschwert fröhlich sein!

Wir spürten das in besonderer Weise an jedem Samstag. Da Vater am Sonntag wenig Zeit hatte, war für uns der Samstag der eigentliche Feiertag. Wenn es nur irgend ging, zogen wir dann in großem Heerhaufen los. Es war schon ein stattliches Bild, ein Elternpaar mit acht Kindern! – nach dem frühen Tod von Theo. Herrliche Spaziergänge durch die wundervolle Umgebung Frankfurts wurden da unternommen. Selbst im Winter stapften wir zusammen durch den Schnee.

Wie hat uns das der Vater von früher Jugend an ins Herz gelegt, die verborgene, stille Schönheit in Gottes Schöpfung zu entdecken und den Blick dafür zu gewinnen, dass jede Jahreszeit ihren eigenen Schmuck und ihre eigene Pracht hat!

Ab und zu gab es beglückende Sonderunternehmungen, etwa eine Schneetour mit Rodelschlitten in den Taunus oder eine Fahrt, bei der wir Papa zu einer seiner Festpredigten begleiten durften. Einmal zogen wir in voller Belegschaft aus, um den Feldberg zu besteigen. Ich weiß nicht, war es während des Ersten Weltkriegs oder kurz hinterher? Jedenfalls war damals eine sehr hungrige Zeit – es gab weder recht Brot noch den notwendigen Aufstrich dazu. Da nahmen wir halt einen riesigen Topf voll Pudding mit. Immer zwei waren abwechselnd dazu abkommandiert, diesen Topf in ihrer Mitte zu tragen. Wie war der Tag so fröhlich, obwohl äußerlich alles sehr einfach zuging! Wirkliche Freude ist unabhängig von allem Komfort.

Das Schönste, was uns Vater ins Leben mitgab, war dies: Er war ein Beter. Es ist mir erst später aufgefallen, dass er uns nie große Ermahnungen darüber gab. Aber wir waren ja von klein auf Zeugen, wie er morgens das Schlafzimmer nicht verließ, ohne mit Mutter gebetet zu haben – und wie die beiden abends so herzlich vor dem Einschlafen zusammen beteten. Wie bebte mir das Herz, wenn die Eltern, die mich wohl schlafend wähnten, auch für mich namentlich beteten!

Neben Papa stand meine so prächtige Mutter. Als mich bei meiner Ordination der damalige Superintendent Niederstein fragte, wer mich bei meiner Theologie am meisten bestimmt und beeindruckt habe, da habe ich ihm ohne Zögern geantwortet: »Meine Mutter.« Noch mit 84 Jahren regierte sie die ganze Familie in geradezu überraschender Frische. Sie stammte aus dem schlichten Schulmeisterhaus in Hülben auf der Rauen Alb. Aber sie hatte einen weiten Horizont und einen hohen Geist. Vor allem hatte sie eine innige Jesusliebe. Da sank sie einmal todmüde ins Bett und sagte nur noch: »Gut' Nacht, lieber Heiland!« Es hat bei mir lange gedauert, bis ich in Glaubensdingen klar stand – dass aber dieser Jesus eine Wirklichkeit ist, war mir nie zweifelhaft; das sahen wir doch an der Mutter. Das kam ihr von Herzen, als sie einmal, zur Zeit, da sie schon Witwe war, uns sagte: »O Kinder, ich kann keinen Pfannkuchen mehr backen ohne den Heiland.«

Es war typisch für die so charaktervolle, geprägte Mutter, dass sie zwar seit den Tagen ihres Brautstandes außerhalb des Schwabenlandes lebte, aber doch stets ihr breites, unverfälschtes Schwäbisch sprach. Daher kam es, dass wir Kinder drei Sprachen gebrauchten, wahrscheinlich alle etwas verfälscht: mit der Mutter Schwäbisch, untereinander und mit den Kameraden Frankfurterisch, offiziell aber Hochdeutsch.

O diese Mutter! Obwohl sie ja als Pfarrersfrau viel zu tun hatte, war sie vor allem und in erster Linie Hausfrau und Mutter. Sie ärgerte sich oft über die Frauen, die große Vorträge hielten, bei denen aber der Haushalt ungepflegt und die Kinder unversorgt waren. Darum bemühte sie sich um einen gut geführten Haushalt und pünktliches, gutes Essen, obwohl es nie üppig bei uns zuging.

Sie ist für viele eine »Mutter in Christus« und eine Seelsorgerin geworden! Obwohl sie nach Papas Heimgang allein in der stillen »Villa« in Hülben wohnte, war sie doch selten allein. Immerzu pilgerten Menschen zu ihr, die Rat und Hilfe von ihr haben wollten. Erst die Ewigkeit wird es aufdecken, wie viele gestärkt und getröstet wurden, ganz einfach, weil Mama ihnen so gewiss und vollmächtig von Jesus sagte.

In den letzten Jahren war mir an ihr immer wieder dies das Größte: Sie hatte allmählich viele Gebrechen des Alters zu tragen, aber wir haben nie von ihr eine Klage gehört, bis dann die so schwere Krankheit ausbrach. Mit strahlender Freude konnte sie zum Beispiel sagen: »Ja, es ist wunderbar, ich gehöre zu den Menschen, denen es immer unverdient gut geht.« In der Ferienzeit lebten und tobten 22 Enkel um sie. Als ich sie fragte, ob es ihr denn nicht zu viel werde, antwortete sie nur: »O, das ist mir alles Himmelsmusik.« Was ist es doch um einen Menschen, der das in Jesu Namen ein Leben lang geübt hat, sich selbst und seine eigenen Kümmernisse überhaupt nicht ernst zu nehmen, sondern nur für andere da zu sein! Aus solchem Leben strahlt auch noch im hohen Alter ein Freudenstrahl, an dem auch andere fröhlich werden.

Aber damals, in meiner Jugend, war sie noch jung und rüstig, eine blühende Frau mit leuchtenden, lieben Augen. Sie ließ uns viel Freiheit. »Meine Kinder dürfen gern toben, wenn sie nur nicht sündigen.« Harte Befehle gab es wenig bei ihr, denn auch zu den etwas ungeliebten Pflichten wusste sie Lust und Liebe zu erwecken. Da hatten wir den Nachmittag getollt und gespielt, dass der Kirchplatz nur so widerhallte – um halb sechs rief sie uns herein. Da wurde die lange, lange Reihe der Stiefel aller Hausbewohner geputzt. Aber auch das war ein Fest. Ein großes sogar! Wir wanderten dabei im Kreis herum, Schuhe, Putzlappen und Bürste in den Händen, und sangen. Wie wurden uns dabei die geistlichen Volkslieder so lieb, »Stern, auf den ich schaue«, »Gott ist die Liebe«, »Wie bist du mir so innig gut, mein Hoherpriester du!« und andere mehr! Im Nu, für die Freude am Singen meistens zu früh, waren die Stiefel blank, und wir rüsteten uns zum Abendessen. Mama war zu unserem Kummer sehr dafür, dass wir früh ins Bett gingen. Auch der Löffel mit Lebertran war eine rechte Anfechtung für unsere kindlichen Gemüter. Aber trotz allem Kummer versöhnte sie uns damit, dass sie uns noch eine Geschichte erzählte. So packend habe ich nie wieder jemand erzählen hören!

Sie liebte nicht die Märchen und erfundenen Geschichten. Darum hielt sie auch Gestalten wie »Nikolaus« und »Christkindchen« völlig von uns fern. Sie, die immer so liebevoll war, konnte bei allen Märchengestalten sehr, sehr ärgerlich werden. Sie befürchtete wohl, ihre Kinder könnten eines Tages die biblischen Geschichten auch für Märchen halten. Darum erzählte sie uns nur Geschichten aus der Bibel, von aller Ausschmückung fern, möglichst so, wie es in der Bibel steht.

Von früher Jugend an sind mir deshalb die Männer und Frauen der Bibel liebe, vertraute Gestalten. Wie treue Gefährten standen sie schon mitten in meinem Kinderleben, Elia und David, Abraham und seine Nachfahren, Daniel mitsamt seinen tapferen Freunden, Petrus, Paulus und wie sie alle heißen. Vor allem er selbst, der Schönste unter den Menschenkindern, er wurde uns unsagbar vertraut und lieb.

Wie war das am Sonntagmorgen so schön! Mama saß auf einem Stuhl, die Mädchen setzten sich auf ein Stühlchen vor sie hin, und Mama kämmte nun sehr sorgfältig eine nach der anderen. Und dabei erzählte sie so spannend, dass wir alle drum herumsaßen und -lagerten, um mit zuzuhören. Ja, und dann machten sich die Mädchen schnell noch einmal »strubbelig« – nur, damit das Erzählen weiterging.

Wie bangten wir mit dem Daniel in seiner Löwengrube! Wie litten wir mit dem Abraham auf seinem unbegreiflichen Weg zur Opferung seines Sohnes! Und dann der »Sturm auf dem Meer«! Wir hörten geradezu den Sturm heulen, der das Segel zerriss, die Ruder zerbrach und die Jünger in Todesnot brachte. Aber dann klang es so befreiend, dass alle aufatmeten: »Da hat sich der Heiland aufgerichtet und über das Meer hingerufen: ›Schweig und verstumme!‹ – Da ward es ganz still.«

Als wir am Kuban, kurz nach dem Fall Stalingrads, mitten im Sumpfgebiet, in dem es keine Deckung gab, fünfmal nacheinander einen Tieffliegerangriff erlebten, war ich völlig fertig. In großer Erschöpfung presste ich mein Gesicht in den schlammigen Boden und hätte nur noch heulen können. Da hörte ich neben mir die Stimme meiner Mutter, so deutlich, als ob ich neben ihr im Kinderzimmer lagerte: »Da hat der Heiland gerufen: ›Schweig und verstumme!‹ Da ward es ganz still.« Und noch einmal konnte ich wie in Kindertagen ganz befreit aufatmen und der Kompanie die nötigen Befehle unbeschwert zurufen.

Das war wohl das Beherrschende an Mama, ihre ungeheure Ehrfurcht vor der Bibel und ihr treuer, ständiger und inniger Umgang mit ihr. Trotz ihrer großen Arbeitslast las sie täglich vier Kapitel in der Bibel. Darum wurde sie nie so grimmig wie dann, wenn jemand an der Bibel kritisierte. Es kamen viele Theologen in unser Haus. Mit manchen von ihnen hat sie kühne Dispute geführt, wenn einer Gottes Wort antastete. Als ich mir in meinen Studentenjahren für sauer erspartes Geld ein Buch des Theologen Strauß, dieses so verheerend liberalen Mannes, anschaffte, hat sie es kurzerhand schnell verbrannt. Auf mein Jammergeschrei hin sagte sie nur sehr ruhig: »Wenn auf dem Fläschchen ›Gift‹ steht, dann brauchst du es nicht erst auszutrinken, um zu probieren, ob es stimmt.«

Hier muss ich noch ein anderes Erlebnis aus der Studentenzeit einfügen. Als ich einmal in den Ferien zu Hause war, erklärte ich, im nächsten Semester wolle ich den berühmten Professor Karl Barth hören. Da setzte sich die Mutter, die damals schon Witwe war, an ihren Schreibtisch und schrieb einen Brief an den bedeutenden Lehrer. Sie fragte ihn ganz offen, ob er auch nicht die Auferstehung Jesu leugne wie so manche andere Professoren. Sie sei vor Gott für ihren Sohn verantwortlich, und darum möge er freundlich diese Anfrage verstehen. Sie käme aus dem Herzen einer Mutter, die Tag und Nacht für ihre Söhne bete, damit sie wirkliche Zeugen des Herrn Jesus würden.

Der Professor ist über die Anfrage nicht ärgerlich gewesen. Im Gegenteil! Er hat der Mutter in einem ausführlichen, handgeschriebenen Brief geantwortet, welche Bedeutung die Auferstehung Jesu für sein eigenes Glaubensleben habe.

Eine schlichte Frau und ein berühmter Mann haben so miteinander korrespondiert. Aber ich glaube, hier haben zwei große Seelen einander erkannt.

Weil sie zu Hause war im Wort Gottes, ja, weil ihr das Reden Gottes eine unentbehrliche Wirklichkeit war, darum konnte auch sie so freimütig mit ihrem Herrn reden – sie war eine vollmächtige Beterin. Darüber machte sie kein großes Gerede, es ging auch alles ohne große Feierlichkeit zu, aber wir spürten, dass ihr Beten wirkliches Leben war. Darum sind mir auch zwei Erinnerungen besonders unvergesslich, weil sie es sonst so wenig zeigte, was sie alles mit dem Herrn besprochen hatte.

Das war nach dem Tod meines Vaters. Es ging für uns damals durch große Armut hindurch: Es war Inflationszeit, wir konnten fast nichts kaufen, dazu war das Geld von einem Tag zum anderen entwertet. So hatten wir einmal keine Kohlen mehr und auch keine Aussicht, wieder an neue zu kommen. Da kommt Mama mit dem letzten Eimer die Treppe herauf. Ich entdeckte plötzlich, dass sie damit zu der alten »Tante Mariele« wollte, die damals bei uns wohnte. Ich erhob mächtigen Protest, das sei doch der letzte Eimer Kohlen und Tante Mariele könne gut zu uns kommen und bei uns sitzen. »Lass nur«, sagte Mama, »ich habe heute Morgen über alles gebetet, es wird schon recht werden.« Ich weiß nicht, warum mich so heftig »der Teufel ritt«, sodass ich sagte: »Das ist doch Unsinn, es regnet doch keine Kohlen vom Himmel!« Aber je mehr und je überzeugender ich sprach, desto ruhiger blieb Mama dabei: »Ich habe darüber gebetet; ich mache mir jetzt keine Sorgen.« Während ich noch ebenso »vernünftig« wie heftig antwortete und mit dem Fuß aufstampfte, schellte es, und vor der Tür stand – ein Wägelchen mit Kohlen. Wir haben nie erfahren, wer der heimliche Spender war. Sicher, wir haben später auch manches Mal gefroren, und es standen keine Kohlen vor der Tür. Aber ich vergesse nicht das strahlende, glückliche Angesicht von Mama: »Glaubst du's jetzt, dass man beten kann?«

Ein andermal war ich in einer großen Not. Ich hatte keine Schuhe. Freilich hatte ich welche, aber in dieser armen Zeit waren sie oben und unten aus Ersatzstoffen. Ich glaube, die Sohlen waren aus reinem Pappdeckel. Nun war ein ekliges Matschwetter. Der Schulweg genügte, dass sich meine Schuhe in völliger Auflösung befanden. Als Mama bei meinem Heimkommen auf meine Füße sah, war sie ganz verzweifelt. Es mussten neue Schuhe her, aber es war einfach kein Geld dafür da. Da hat sie in meiner Gegenwart so herzlich darum gebetet, der Heiland möge doch helfen. Fast im selben Augenblick kam ein Brief aus Amerika, der einige Dollar enthielt, und Dollar waren in dieser Zeit ein gewaltiges Vermögen. Welch ein Eingreifen des Herrn! Mich beschäftigte freilich damals sehr die Frage, dass die Dollar doch längst abgesandt sein mussten, ehe dieses so herzliche Gebet von Mutter gesprochen war. Aber Mama meinte nur: »Das ist das Wunderbare: ›Ehe sie rufen, will ich antworten.‹« Tief beglückt zogen wir zu unserem alten Schuhlädchen in die Brückstraße – der Weg war wie ein Triumphzug.

Es war ein fröhlicher, freier Christenstand, den Mama uns vorlebte. »Nur Kinder Gottes können richtig fröhlich sein; die müssen es aber auch sein.« »So e vermotztes G'sicht sieht der Heiland net gern.« Als ich zum ersten Mal als junger Student von daheim Abschied nahm, da hat sie mir eine kleine Taschenbibel geschenkt. Vorne hatte sie mir zwei Bibelsprüche hineingeschrieben. Einer hieß so: »Freue dich, Jüngling, in deiner Jugend und lass dein Herz guter Dinge sein!« Daneben aber stand das andere Wort: »Gib mir, mein Sohn, dein Herz und lass deinen Augen meine Wege wohlgefallen.« So war Mama. Als sie mir die kleine Bibel gab, sagte sie eindringlich: »Wohin du auch kommst, halte dich immer zu denen, die die Bibel lieb haben.«

Wie wenig sie bei alldem in enger Gesetzlichkeit lebte, zeigt ein kleines Erlebnis, dessen Sinn mir erst viel später aufging und das ich oft meinen Mitarbeitern erzählte, wenn sie mich fragten, ob unsere jungen Leute ins Kino gehen dürften. Ich weiß nicht, wie alt ich schon oder wie jung ich noch war. Jedenfalls kam ich aus der Schule nach Hause und erklärte: »Heute Abend gehe ich ins Kino!« Ich muss es wohl ziemlich kräftig erklärt haben, da ich mit erheblichem Widerstand rechnete. Ich wusste doch, dass es meine Mutter unter gar keinen Umständen haben wollte, dass wir ins Kino gingen. Mama wusste, wie viel ungute Bilder sich da in die Seele prägen. Und nun? Sie verbot es mir nicht. »Ja, geh du ruhig in dein Kino.« Dann sagte sie freilich so beiläufig dazu: »Schade – gerade heute Abend wollten wir zusammen so schön spielen – aber geh du ruhig.« Als ich nach dem Mittagessen sah, wie die Geschwister sich freuten und die Spiele für den Abend herrichteten, bereute ich schon halb meinen Entschluss. Als ich zögernd davon sprach, vielleicht doch dazubleiben, erklärte Mama kategorisch: »O nein, du gehst ins Kino, und wir sind hier miteinander fröhlich.« Als ich vollends am Nachmittag sah, wie Mama noch Plätzchen backte, an denen ich nun keinen Anteil haben würde, schmolz alle Manneswürde dahin: »Ich will doch lieber hierbleiben.« Aber Mama blieb zunächst hart: »Da gibt's kein Zurück; jetzt gehst du ins Kino.« Kurzum, zuletzt bat ich wehmütig, doch ja zu Hause bleiben zu dürfen. Welch eine Befreiung war das, als Mama endlich sagte: »Ausnahmsweise darfst du noch einmal daheimbleiben.« O Mutter! Ja, das war immer ihr Grundsatz: Nicht so viel verbieten, sondern bessere Freude bieten. »Wir auf dem schmalen Weg haben es doch viel schöner als die, die auf dem breiten Weg gehen.«

Welch ein priesterliches Herz hatte sie! Dass aus uns Kindern etwas geworden ist, ja, dass unbegreiflicherweise auch alle Schwäger, Schwägerinnen und Enkel den gleichen Weg mit Jesus mitziehen, verdanken wir wohl allein ihren unablässigen Gebeten. Das ist nicht eine leere Phrase, sondern ein Geheimnis, das mich mein ganzes Leben begleitet hat. Als ich in Basel studierte, erlebte ich einen sehr ausgelassenen Abend, der nicht schön war. Zwei Tage darauf kam eine Postkarte, die an jenem Abend geschrieben war, eine Karte, wie ich sie sonst nie bekommen habe: »Ich habe so Angst um dich. Stehst du innerlich noch richtig?«

Es will mir heute oft seltsam erscheinen: Da sind wir in der reichen Großstadt Frankfurt aufgewachsen. Aber die Verlockungen dieser Stadt sind uns nie ernstlich zur Gefahr geworden – wahrhaftig nicht deswegen, weil wir so brav gewesen wären, sondern allein deshalb, weil es daheim halt immer am schönsten war. Mutter sorgte dafür, dass Gartenstraße 71 ein Paradiesgärtlein, ein Haus voller Freude war.

Bei uns zu Hause waren nicht nur Vater und Mutter, sondern auch vor allem die Schar der Kinder. Nein, Kinder waren in diesem Hause keine Last, die Eltern haben das oft sehr fröhlich bezeugt: »Kinder sind halt ein besonderer Segen Gottes.« – »Ich habe mir immer ein Dutzend gewünscht«, konnte Mama manchmal sagen. Wir hingen alle unlösbar eng aneinander, ohne viel Unterschiede der gegenseitigen Zuneigung zu machen. Aber es ergab sich ganz natürlich, dass wir Jungen, die wir uns fünf Schwestern gegenübersahen, uns ganz eng aneinander anschlossen.

Besonders stolz war ich immer auf Wilhelm. Wie konnte er uns mitreißen, wenn er mit der Gitarre unseren Gesang begleitete oder immer neue Ideen für Wanderungen und Spiele in den Ferien hatte! Es war doch einfach großartig für mein Jungengemüt, als wir über weite Täler hinweg Flaggenwinken machten und uns dadurch mit ungeheurem Aufwand die erstaunlichsten Dinge signalisierten.

Wilhelm war bei all seiner Lebhaftigkeit viel krank. So hatte er eine böse Nierenentzündung, an deren Folgen er noch monatelang litt. Da er infolgedessen sehr geschont werden musste, gab es viel Neckerei durch die Geschwister, die für solches »Schonen« nicht viel Verständnis zeigten. So wurde ihm einmal heimlich ein Zettel angesteckt: »Darf nicht gereizt werden.«

Als ich die glorreiche Erhebung aus dem Eltern-Schlafzimmer heraus ins obere Stockwerk erlebte, war ich besonders darüber glücklich, dass ich das reizende Zimmer nun mit Wilhelm teilen durfte. War das eine Bude! Eine Unmenge Bilder hingen an den Wänden. Dazwischen schrieben wir je nach Stimmung und Gelegenheit mit Kreide schwungvolle Verse. Unter Glas und Rahmen hing als besonderes »Schmuckstück« ein Strafbefehl über drei Mark, den Wilhelm bekommen hatte, weil er in einer verbotenen Straße Fahrrad gefahren war.

Leider habe ich nun doch dieses Zimmer meistens allein bewohnt. Als der Erste Weltkrieg ausbrach, machte Wilhelm sein Not-Abitur und meldete sich als Kriegsfreiwilliger. Er hatte mit seinen 17 Jahren doch tatsächlich Angst, der Krieg könne zu Ende gehen, ehe er dabei war. Wie glücklich war er, als er bei der Artillerie in Karlsruhe angenommen wurde. Und wie glühte ich, als er zum ersten Mal Urlaub bekam und nach Hause kam! Ich war unsagbar stolz, dass ich mit meinem großen Bruder in solch fabelhafter Uniform ausgehen durfte. Wilhelm ist durch seine Soldatenzeit ungemein gereift. Mit 19 Jahren war er schon Leutnant und erlebte das Grauen von Verdun und an der Somme. Damals sind wohl in seinem Leben wesentliche Entscheidungen gefallen. Ich habe für mich den Segen bekommen, wenn wir in seinen Urlaubstagen zusammen in unserem Zimmer hausten. Die langen Nachtgespräche mit dem alten und doch noch so jungen Krieger waren wichtige Meilensteine in meiner inneren Entwicklung. Mancher Same, der damals gelegt wurde, ging später auf.

Ich war fast 14 Jahre alt, als die Revolution den hoffnungslosen Krieg beendete. Damit war dann auch Wilhelms Kriegsdienst zu Ende. Vom Jammer des Zusammenbruchs verstand ich damals nicht viel, aber dass wir nun wieder zu zweit unser Zimmer bewohnten, war mir ein ganz großes Fest. Es gab damals viele »Räte«, Arbeiterräte, Soldatenräte. Schülerräte. Wir gründeten einen Bruderrat.

Wilhelm war als Student verschiedentlich bei Aufruhren in Freikorps eingesetzt. Da mich ja immer wieder alles begeisterte, was der »große Bruder« tat, halfen seine abenteuerlichen Freikorpserlebnisse kräftig dazu, die nationale Flamme in meinem jungen Herzen zu nähren. Jene Jahre nach dem verlorenen Krieg waren in der Tat für mich von einer großen nationalen Begeisterung erfüllt und an die ohnedies so bebilderte Wand im Zimmerlein kamen Bilder von Schlageter und Kapitän Ehrhardt.

Für kurze Zeit gehörte ich zum »Deutschnationalen Jugendbund«, bei dem ich mich leidenschaftlich einsetzte. Unvergesslich, wie wir einmal mitten in der Nacht Admiral von Trotha am Bahnhof abholten und der Polizei zum Trotz mit schwarz-weiß-roten Fahnen Spalier bildeten. Wie glühte danach mein Herz für Deutschland! Ich bin sehr dankbar, dass es wieder Wilhelm war, der mir die Augen dafür öffnete, dass es ein größeres Reich mit einem so herrlichen König gibt, für den es sich einzig lohnt, das Leben in die Schanze zu schlagen. Danach fing meine Bekehrung an.

Die innige Bruderschaft mit Wilhelm, miteinander dem größten König zu dienen, hat bis zum heutigen Tag standgehalten.

Wie viele liebliche Erinnerungen, die mich gerade mit Wilhelm verbinden, tauchen da auf! Einmal zogen wir beide in den Herbstferien los, den Spessart zu erobern. Geld hatten wir keins, aber ein frohes Herz und Lust am Leben. Wilhelm trug seine Gitarre, und mir hing am Band die Geige über den Rücken.

Noch viel eindrücklicher war eine Radtour, die wir in ähnlichem Stil in die Alpen unternahmen. Was ist das doch um die Freiheit und Lebenslust solcher Jugendjahre! Wie damals, als wir ohne viel Geld, aber mit einem Herzen voll Freude loszogen. In der Gegend von Ulm kamen wir an die Donau und nahmen ein wahrhaft königliches Bad. Abends fanden wir kein Quartier; was tat's? Wir radelten die ganze Nacht hindurch. Es mochte gegen zwei Uhr nachts gewesen sein, als wir an einer einsamen Molkerei hielten. Die dachten, wir seien Einbrecher und wollten uns festhalten. Ein riesiger Schäferhund hatte seine Tatzen auf meine Schulter gelegt, sodass sein heißer Atem mein Gesicht berührte. Schließlich lachten wir und überredeten die Männer, dass sie uns Milch gaben. Frühmorgens war dichter Nebel. Wir kochten erst einmal ab; die warme Suppe tat gut. Ein Bauer im hübschen Wägelchen fuhr vorüber und rief verächtlich: »Früher nannte man das Landstreicher.« Wilhelm rief fröhlich zurück: »Das nennt man auch heute noch so.« Während wir unser Morgenlied sangen, riss der Nebel auf, und zum ersten Mal in unserem Leben sahen wir die Alpenberge. Unvorstellbar! Königlich! Überwältigend! »Großer Gott, wir loben dich, Herr, wir preisen deine Stärke …«

Nach dieser durchradelten Nacht bestiegen wir das Nebelhorn. Eine Alpentour! Ich bin über so viel übermächtige Gewalt der Schönheit wie ein Träumender, aber nach der Rückkehr auch todmüde, sodass ich auf einer Bank vor dem Bahnhof in Oberstdorf einen abgrundtiefen Schlaf tue. Wilhelm hat inzwischen ein prächtiges Strohquartier bei einem Bauern ausgemacht.

Am folgenden Tag ist Sonntag. Wir fahren auf einem schönen Dampfer über den Bodensee. Die feinen Sonntagsgäste rümpfen vor uns zwei Landstreichern etwas die Nase, wir bekommen dann Platz. Aber kaum sind wir an der Hafenmole vorbei auf dem See, packt uns der Sturm, dass die Wellen über das Deck hinfegen. In weniger als einer Minute sind die vornehmen Sonntagspassagiere im Schiffsinnern verschwunden. Wilhelm und ich sind allein auf Deck. Es macht uns nichts aus, dass wir bis auf die Haut nass werden. Wir singen in den Sturm hinein und freuen uns, dass wir auf diese Weise zu einem anständigen Bad kommen.

Nachmittags landen wir im lieblichen Tuningen in dem so traulichen Pfarrhaus, in dem unsere älteste Schwester lebte. Etwas bürgerliche Gepflegtheit tat zwischendurch doch ganz gut. Wir hatten freilich den Eindruck, als ob wir Landstreicher in dem wohlgeordneten Dorf etwas unangenehm auffielen.

Der Nachmittag bleibt uns unvergesslich, weil Wilhelm und ich einen geradezu schandhaften Streit bekamen. Zornige, wilde Männerworte flogen hin und her, es blieb nur verwunderlich, dass wir uns nicht verprügelt haben. Dabei ging es um die so schwerwiegende Frage, ob es am Nordpol vier Himmelsrichtungen gibt oder nur eine. Wilhelm behauptete fest und steif, es gäbe nur eine einzige, es ginge am Nordpol von allen Seiten nur nach Süden. Ich musste unter allen Umständen dabei bleiben, dass dies doch nur graue Theorie sei und dass es selbstverständlich auch am Nordpol wie an jedem anständigen Platz der Erde vier Himmelsrichtungen gäbe. Dieser bedeutungsvolle Disput durchzitterte in immer neuen Wellen den Nachmittag und auch den Abend in Tuningen. – Als wir am nächsten Tag zum Schwarzwald hin fuhren, schüttelten wir uns vor Lachen, dass wir beinahe von den Rädern fielen – die Lächerlichkeit unseres Streites hatte über uns beide gesiegt.

Die Sache hatte übrigens für mich noch folgendes ergötzliche Nachspiel: Als wir im Sommer 1952 zusammen für einige Tage in Hülben waren, erquickte mich ein Mittagsschlaf. Zwischendrin wachte ich durch ein großes Geschrei auf. Meine Söhne hatten mit den Stuttgarter Vettern einen großen Disput. Erschrocken lauschte ich, um was denn da gestritten wurde. Ich traute meinen Ohren kaum. Sie ereiferten sich darum, wie viele Himmelsrichtungen es am Nordpol gibt. Der Fall schien also auch in der jungen Generation noch nicht geklärt zu sein. Tief befriedigt und voll fröhlicher Erinnerungen schlief ich daraufhin wieder ein.

Als Wilhelm schon junger Pfarrer war und ich mich damals dem Schulabschluss näherte, fuhren wir zusammen nach Wien. In Gedanken an diese Reise überströmen mich eine Fülle lieblicher Erinnerungen. In Regensburg verpassten wir den D-Zug. Auch eine Verfolgungsjagd mit einem Taxi blieb ergebnislos. In einem Dorfgasthaus erbaten wir uns ein Glas Milch. Der Wirt aber nahm solche Forderung persönlich übel und schmiss uns raus. In Bayern trinkt man Bier! Wir lagerten trotz des Rausschmisses unbekümmert auf einer herrlichen Wiese und waren unversehens in einem unvergesslichen Gespräch darüber, warum man evangelisieren müsse, als wir jäh unterbrochen wurden. Die Wiese gehörte dem erzürnten Wirt, dessen Bier wir verschmäht hatten. Die kurze, aber heftige Auseinandersetzung war bayrisch.

Salzburg! Dass es solch eine Stadt gibt! Unweit davon die evangelischen Anstalten von Gallneukirchen mit tiefen Eindrücken, die mich bis heute bewegen. Der Leiter, Pfarrer Saul, nahm uns lieb auf. Besuch der kleinen Diaspora-Gemeinden rund um den Dachstein. Und endlich Wien! Eine berauschend schöne Stadt voll reicher, stolzer Vergangenheit und eleganter Gegenwart. Am meisten beeindruckte uns der Blick vom hohen Turm des Stephansdoms über das weiträumige Wien hinweg bis hin zu den Bergen, von denen aus einmal die Türken Wien belagert haben. Aber auch die Kapuzinergruft mit den 36 Zinnsärgen der Habsburger und viele andere Dinge sind nicht vergessen, vor allem auch nicht ein Nachmittag im fürstlichen Schönbrunn und die ungeheuren »Kalbshaxen«, die wir anschließend verzehrten.

Die kleine evangelische Gemeinde in Wien und auch der CVJM sind eigentlich eine arme Sache. Der weiche, verbindliche Wiener mit seinem Charme ist zu klarer Entscheidung und freiem Bekenntnis schlecht geneigt. Darum war der Dienst mit dem biblischen Wort schon eindrücklich und bewegend. Nur ein Mann überragte alle, Professor Haberl, ein Mann, der vom Evangelium geprägt war und deshalb für viele ein Segen wurde. Die Begegnung mit ihm war tief eindrücklich. – So verbindet mich mit Wilhelm nicht nur die Gemeinsamkeit des Blutes, sondern viel, viel mehr.

Nach fünf Mädchen wurde ich als Nummer 7 im Geschwisterkreis geboren. Die Eltern hatten mir bei der Taufe den Namen Johannes gegeben. Mein Vater hat dabei über das Wort gesprochen: »Von Gottes Gnade bin ich, was ich bin, und seine Gnade an mir ist nicht vergeblich gewesen«, 1. Korinther 15,10. Ich bin den Eltern von ganzem Herzen dankbar für dieses Vermächtnis im Namen. Als Kind habe ich mich oft dieses langen, ungewöhnlichen Namens geschämt und hatte es deshalb gar nicht ungern, wenn mich die Geschwister »Jeanle« oder »Scho«, die Kameraden »Hannes« nannten.

Mama blieb jedoch hartnäckig dabei, mich »Johannes« zu nennen. Ich bin ihr heute besonders dankbar dafür, denn je älter ich werde, desto lieber wird mir dieser Name. Johannes heißt »Gott ist gnädig«. Darauf möchte ich leben und mit dem Namen allein einmal drüben ankommen: Gott ist gnädig! »Gott, der du reich bist an Erbarmen, nimm dein Erbarmen nicht von mir.« –

In Frankfurt geboren sind meine beiden jüngeren Brüder. Nummer 8 in der langen Reihe war unser lieber kleiner Theo. Ich habe nicht allzu viel Erinnerungen an ihn, da uns Gott ihn so früh, als er erst drei Jahre alt war, schon wieder nahm.

Dennoch erinnere ich mich, dass er ein so fröhlicher und sonniger Kerl war, sodass er offenbar in besonderer Weise die Herzensfreude der Eltern war. Deshalb war es auch so bitter schwer für sie, als dieser Junge eine Gehirnentzündung bekam. Was mögen die Eltern gelitten haben, als sie neben dem Bettlein des sterbenden Kindes standen und nicht helfen konnten! Papa hat damals an seine Mutter geschrieben: »Ich bitte nur, dass uns der Herr den vollen Segen dieser Trübsal zuteilwerden lässt.« Aber von dem allen merkte ich damals noch nicht viel. Ich war ja erst fünf Jahre alt. Dagegen erinnere ich mich sehr genau an die Beerdigung. Das Bild hat sich mir unauslöschlich eingeprägt, wie der liebe Bruder so lang und steif im Sarg lag, und dann kamen so viele Verwandte, mit denen wir auf den Friedhof fuhren. Der Vater gab dort ein glaubensstarkes Zeugnis über die Tageslosung: »Der Herr ist um sein Volk her von nun an bis in Ewigkeit.« Davon weiß ich natürlich gar nichts mehr. Aber wir sind fortan oft zu dem kleinen Gräblein mit dem weißen Marmorkreuz gegangen, und Mama erzählte uns so strahlend und leuchtend davon, dass jetzt unser Theo beim Heiland im Himmel sei und dass er es da so unaussprechlich schön habe.

Mein Glaube und meine Vorstellungswelt waren noch sehr kindlich. Und doch habe ich damals einen so festen Eindruck von der Wirklichkeit der ewigen Welt bekommen, dass sie mir nie mehr zweifelhaft wurde.

Es war nur gut, dass nach dem so wehtuenden Verlust Friedrich, genannt Fritz, noch da war. Das war gut für die ganze Familie, in besonderer Weise aber für mich. Was war der Fritz für ein Prachtkerl! Es gab keine Beschäftigung und kein Spiel, das wir nicht zusammen getan hätten. Wir jagten zusammen im Garten, hatten auf einem hohen Baum ein gemeinsames Nest oder inszenierten miteinander aufregende

Vorführungen im Puppentheater. Wir gründeten miteinander einen Sportverein und veranstalteten herrliche Sportfeste.

Als der Erste Weltkrieg drohte, waren wir in Hülben. Ich sehe noch, wie ich mit Fritz vom Hohenneuffen heimtrottete und ihn über die Schrecken des Krieges aufklärte. »Da gibt es Kanonen, die können durch drei Männer auf einmal durchschießen.«

Fritz entwickelte sich prächtig. Während den Eltern und mir selbst der »Lausbub in mir« sehr zu schaffen machte und ich es dem Heiligen Geist wohl schwer gemacht habe, mich endlich an die Zügel zu bekommen, war Fritz von Jugend auf ein ernster, besinnlicher und klarer Junge. Er war kein Streber, aber ein guter Schüler, hochbegabt und reich interessiert. Schon mit elf Jahren las er in Calvins Werken. Ich denke, dass auch bei ihm Papas Tod schon früh klare Entscheidungen geweckt hat.

Er blieb für alles aufgeschlossen, machte weite Radtouren, einmal bis Nord-Italien, aber ohne viel Worte war er schon als junger Bursche ein Eigentum Jesu. Darum war auch das Theologiestudium für ihn eine wahre Lust und brachte ihn in enge, persönliche Freundschaft mit den Professoren Iwand und Schniewind. Bei dem Letzteren machte er seinen »Lic.«.[1] Wir sagten oft, er sei unter den drei Brüdern der Theologe.

Das Dritte Reich brachte ihm viel Mühe. Fritz stand damals in großem Segen als theologischer Lehrer im Auslandseminar in Ilsenburg, das Professor Schlingensiepen leitete. Da sich das Seminar der »Bekennenden Kirche« unterstellte, begann

---

1 Anmerkung des Verlags: Abkürzung für »Lizentiat«; vom Lateinischen »licentiatus« abgeleitet = Inhaber einer akademischen Licentia docendi (Erlaubnis zu lehren). Bis 1944/45 verliehen die meisten evangelisch-theologischen Fakultäten in Deutschland den Grad im Rahmen eines Promotionsverfahrens (zur Erlangung eines Doktortitels).

eine geradezu satanische Verfolgung, durch die das Seminar nur noch illegal und schließlich überhaupt nicht mehr arbeiten konnte.

Tief eindrücklich war es mir, als ich mitten unter schwerer Verfolgung der Ordination von Fritz beiwohnen durfte. Dass mein kleiner Spielgefährte nun auch Waffenbruder im Kampf für Jesus sein sollte, erfüllte mich mit unsagbarer Freude. Ich konnte vor innerer Bewegung kaum sprechen, als ich bei dieser Ordination dem kleinen Bruder, der jetzt größer war als ich, das Jeremia-Wort zurief: »So gürte nun deine Lenden und mache dich auf und predige ihnen alles, was ich dich heiße. Erschrick nicht vor ihnen, denn ich bin bei dir, spricht der Herr, dass ich dich errette.«

Als Ilsenburg leidvoll zu Ende ging, übernahm Fritz auf Wunsch von Professor Iwand die Leitung des Bahnauer Bruderhauses in Ostpreußen; er ist dort gleichermaßen den Brüdern, den ostpreußischen Gemeinschaften und der Bekennenden Kirche zu großem Segen geworden.

Dann riss der Krieg alles auseinander. Fritz musste Soldat werden. Es haben uns später viele überraschende Zeugnisse erreicht, unter welch reichem Segen er zwischen seinen Kameraden stand. Zugleich besitzen wir eine Fülle von Briefen, Andachten und Bibelauslegungen von ihm, gerade auch aus seiner Soldatenzeit, an denen uns immer wieder der Reichtum und die Tiefe seiner biblischen Erkenntnis bewegt.

Eines Tages bekam er den Befehl, zu erkunden, ob ein Dorf von Russen besetzt sei. Dabei erhielt er einen tödlichen Kopfschuss. Die Nachricht erreichte mich, als ich tief in Russland stand. Der Gedanke, dass der unsinnige Befehl eines Offiziers und die Kugel eines anonymen Russen ein solch hoffnungsvolles Leben auslöschen durfte, quälte und quält mich unsagbar. Aber der Herr hat andere Maßstäbe und Pläne. Sein ganzes Leben war reich und erfüllt. Dieser geheiligte junge Mann, der uns allen im Glauben weit voraus war, ist beim Herrn und darf es nun alles schon schauen, was wir im Glauben nur schwach und schwer zu fassen vermögen. –

Ja, das war Gartenstraße 71, und das waren seine Bewohner mit dem Bruderrat! Eigentlich wohnten da noch immer viel mehr Leute. Das Gastzimmer war kaum eine Nacht leer.

Es ging oft bunt zu. Einmal waren zu gleicher Zeit ein italienischer Arbeitermissionar, eine reisende Engländerin und ein französischer Pfarrer zu Gast. In einem einzigen Sommer zählten wir 70 Logiergäste. Frankfurt am Main war eben ein rechter Verkehrsmittelpunkt. Und mein Vater war ein Mann, den die Christen im Lande kannten und liebten. Mama aber – nun, die war aus ihrem Elternhaus in Hülben so einen stürmischen Gästebetrieb gewöhnt. Manchmal gab es wunderliche Situationen. Eines Abends, als mein Bruder Wilhelm spät zu Bett gehen wollte, lag ein fremder Mann darin. Sturm und Aufregung! Dann stellte es sich heraus, dass, als schon alle Gastbetten besetzt waren, ein Bundesgauwart aus dem Westdeutschen Jungmännerbund gekommen war. Den hatte Mama einfach in Wilhelms Bett platziert und dann über all dem Getümmel vergessen, es dem großen Sohn mitzuteilen. Nun, Wilhelm fand dann noch auf einem Sofa eine Bleibe.

Wilhelm erklärte am nächsten Tag, er wolle unser Haus »Gasthaus zum wilden Lamm« nennen. »Warum ›zum wilden Lamm‹?«, fragte Mama. Er antwortete: »Weil auch ein Lamm wild werden kann, wenn man ihm sein Lager nimmt.« Aber es war nicht so arg gemeint. Wir hatten alle große Freude an dem interessanten Gästebetrieb. Und mit dem Bundesgauwart bin ich ja später in sehr nahe Beziehung getreten.

Wenn ich in dieses gleichströmende Meer der Vergangenheit hineinsehe, zeigen sich mir natürlich auch manche unschöne Bilder, an die ich mich nicht gern erinnere: kindlicher Trotz, Streit mit den Geschwistern, Neigung zu Jähzorn, später auch Spielen mit Leichtfertigkeit und Sünde. Mit welch unsagbarer Geduld haben die Eltern das getragen und haben vorwärtsgeholfen! Beide haben uns nie geprügelt oder geschlagen. Die Vollmacht ihres Wortes genügte – und ein trauriges Wort war oft viel schwerer, als es Schläge gewesen wären.

Nur ein einziges Mal habe ich eine Ohrfeige bekommen, und die hatte ich auch verdient. Ich sehe es noch genau vor mir. Es war im Studierzimmer. Mama saß auf dem roten Sofa und hatte gesagt, ich müsse jetzt ins Bett. Zunächst überhörte ich das einfach. Als Mama es noch einmal sagte, widersprach ich. Als sie nun zum dritten Mal den Befehl gab, stampfte ich mit dem Fuß auf: »Nein, ich gehe nicht ins Bett!« Flups – hatte ich eine Ohrfeige weg! Ich muss sehr verdutzt ausgesehen haben, denn ich wusste gar nicht, wo diese maßgerechte Ohrfeige herkam. Vater war gerade im richtigen Augenblick zur Tür hereingekommen und hatte mein Stampfen miterlebt. Da hatte er schnell mitgestampft, und ich kam auf diese Weise zur einzigen elterlichen Züchtigung in meinem Leben.

Wenn ich von meiner inneren Entwicklung reden soll, so muss ich bekennen: Ich kann die Stunde meiner Bekehrung nicht angeben. Aber der Herr hat auf meinem Weg, der leider viele Umwege hatte, immer wieder Meilensteine gesetzt, bis er mich unter seiner Gewalt hatte. Ich glaube, ich habe dem Herrn, und damit auch meinen Eltern, manches Mal viel Not gemacht. Aber weder der Herr noch meine Eltern haben die Geduld mit mir verloren. Es gab keine Zeit in meinem Leben, in der ich Gott völlig fern gewesen wäre oder gar offenen Widerstand gezeigt hätte. Aber es hat halt lange gedauert, bis ich ihm mein Leben übergab.

Es gibt doch seltsame Zusammenhänge. Als ich innerlich

in Unordnung war, war ich auch ein sehr schlechter Schüler. Als mich Gott an seine Zügel nahm, hat sich das so gewandelt, dass ich im Goethe-Gymnasium die letzten eineinhalb Jahre »Ober-Decurio«, das heißt Sprecher für die gesamte Schülerschaft der Schule war. Es gilt wohl bis in die alltäglichen Dinge hinein: »Siehe, ich mache alles neu.«

Die Eltern haben uns auf dem Weg zum Glauben nie gedrängt. Aber sie haben es uns vorgelebt, wie fröhlich ein Leben mit Jesus ist. Darüber hinaus haben sie uns den Blick für die »Brüder« geöffnet.

Ein nicht unwesentlicher Meilenstein war meine Konfirmation. 1919! Ein merkwürdiges Jahr für uns. Äußerlich ein so trostloses Jahr voll Niedergang und ohne Hoffnung, das Jahr nach dem verlorenen Krieg. Ausgerechnet in diesem Jahr hatten wir drei große Familienfeste, Hochzeit meiner ältesten Schwester, die Silberne Hochzeit der Eltern, und allem voran ging meine Konfirmation.

Es war mir recht wunderbar zumute, dass sich das ganze Haus nur meinetwillen zu einem Fest rüstete. Wir Konfirmanden sammelten uns im Gemeindehaus, wir Jungen im Hochgefühl der Tatsache, zum ersten Mal lange Hosen anzuhaben, die Mädchen hübsch und schmuck in weißen Kleidern. In festlichem Zuge ging es zur Kirche hinüber. Vieles von der Feier ist in Vergessenheit gesunken. Aber unvergesslich bleibt mir, wie ich mit der Gruppe, bei der ich mich befand, vor dem Altar stand. Vater gab mir den Spruch: »Es ist ein köstlich Ding, dass das Herz fest werde, welches geschieht durch Gnade.« Dabei sah er mich an, dass ich meinte, Gott selber sehe mich an. »... dass das Herz fest werde ...« Es war mir so, als sei ich durch und durch durchschaut. Damals spürte ich zum ersten Mal, dass die Bitte um Erneuerung des Herzens die wichtigste Bitte im Leben ist.

O der treue Vater! Damals ahnte ich nicht, dass er nicht mehr lange leben würde, ja, dass sein Sterben der gewichtigste Meilenstein auf dem Weg zum ewigen Leben für mich werden würde. Es war zwei Jahre später, im Oktober des Jahres 1921, da hatte Vater eine Evangelisation in Metzingen. Es kamen von dorther auf einmal so beunruhigende Nachrichten, dass Mama sich entschloss, nach Metzingen zu fahren. Es bahnte sich bei ihm eine Lungenentzündung an mit einer sehr großen Herzschwäche. Er hat die Evangelisation unter großer körperlicher Schwäche, aber in gewaltiger Vollmacht noch zu Ende geführt. Der kranke Mann musste am letzten Tag seinen Vortrag in der überfüllten Kirche sitzenderweise und vom Altar aus halten, da er zu schwach war, die Kanzeltreppe zu besteigen, und ihn das Stehen zu sehr angestrengt hätte. Als er mit Mama in Frankfurt ankam, holten wir sie am Bahnhof ab. Da sahen wir dann gleich, dass es nicht gut um ihn stand. Unser »Bruderrat« hatte für eine Droschke gesorgt, mit der Papa und Mama nach Hause fahren konnten.

Es bleibt mir bis heute noch merkwürdig, dass Mama gleich sah, dass es aufs Sterben zuging. Uns anderen gingen erst langsam die Augen dafür auf. Nur eine Woche hat Vater noch krank gelegen, bis ihn dann in der Frühe des 31. Oktober der Herr heimholte. Aber diese acht Tage waren in meinem Leben entscheidend. Wenn uns auch solch ein Sterben so fremd, ja, unheimlich war, so spürten wir Kinder dennoch, dass dieses Krankenzimmer ein Heiligtum war, über dem die Ewigkeit und der Friede Gottes standen. Was haben wir in den Leidenstagen des sterbenden Vaters für wunderbare Dinge erlebt, die uns das unübersehbar einprägten, wie selbst im Tod die Gegenwart Jesu eine Macht ist! Welch ein leuchtendes Geheimnis lag darüber, als sich der sterbende Mann aufrichtete und uns sagte: »Kinder, ich muss euch etwas ganz Köstliches sagen: Jesus ist vor der Tür!«

Und Mama, die wie eine Heldin – ach nein, wie eine machtvolle Beterin diese Tage durchstand, sorgte dafür, dass wir alle etwas von diesem Segen mitbekamen. So war ich sehr stolz darauf, dass sie mich einmal abordnete, eine Nacht allein bei Papa zu wachen. O diese unvergessliche Nacht! Je und dann kam über den Vater große Not. Aber dann war der Herr bei ihm; ich spürte das gut. In solch einem kampferfüllten Augenblick sagte er den 46. Psalm ganz auf. Ich meine, ich höre es heute noch, wie er das so getrost und mächtig sagte, was ich seinem Inhalt nach eigentlich noch gar nicht ganz verstand: »Dennoch soll die Stadt Gottes fein lustig bleiben mit ihren Brünnlein, da die heiligen Wohnungen des Höchsten sind; Gott ist bei ihr drinnen, darum wird sie fest bleiben; Gott hilft ihr früh am Morgen.«

Etwas Wichtiges besprach ich in dieser Nacht mit dem Vater. Schon seit Jahren war es mein Herzenswunsch, Lehrer, ganz einfacher Volksschullehrer zu werden. Damals war die Ausbildung noch so, dass man nach dem »Einjährigen« auf ein Seminar gehen musste. Ich bat eben in jener Nacht den Vater, mir zu erlauben, jetzt von der Schule heruntergehen zu dürfen, sobald ich das »Einjährige« hätte, um das Seminar zu besuchen. Es war wirklich mein Herz mit diesem Wunsch. Vater gab den klugen Rat: »Du darfst werden, wozu du Lust hast; aber mach auf alle Fälle dein Abitur, sonst reut es dich später, wenn du es nicht hast!«

Das war eine klare und gute Entscheidung, die mir namentlich nach dem baldigen Tod von Papa unantastbar war. Nur ahnten wir beide in dieser Nacht nicht, dass damit der lang gehegte Herzenswunsch, Lehrer zu werden, endgültig begraben war. Als ich schließlich das Abitur hatte, befand sich die Ausbildung zum Lehrerberuf, der damals sehr überfüllt war, in völliger Umstellung. Die Seminare waren geschlossen, die neuen Akademien aber noch nicht eröffnet. Es war unmöglich, jetzt Lehrer zu werden. Zweimal hat mir Gott diesen Weg klar durchgestrichen. Damals war es Wilhelm, der mir wieder einen entscheidenden Anstoß gab. »Mensch, komm zu uns; du gehst einfach einmal ein Semester auf die Theologische Schule nach Bethel; das ist keine verlorene Zeit; was du da lernst, kannst du immer brauchen. Vor allem kannst du dir dabei ganz klar werden, was du werden willst!« So sprach Wilhelm, und ich folgte seinem Rat.

In diesem Sommersemester 1924 in Bethel habe ich nach kräftigem Ringen den alten Herzenswunsch begraben und habe mich mit ganz großer Freudigkeit entschlossen, Pfarrer zu werden.

Ein besonderes Erlebnis in jener Zeit war das Bünder Missionsfest. Ach, schon der Weg dahin! Von allen Dörfern und Höfen strömten sie herbei. Sie kamen auf großen Pferdewagen, die mit frischem Grün geschmückt waren. Und von allen Wegen erklangen die herrlichen Glaubens- und Ewigkeitslieder. Ich schrieb nach diesem Tag an Mama: »Ich habe heute eine Heerschau des Volkes Gottes erlebt.«

Schon lange vor Beginn saßen wir in der riesigen Kirche in Bünde. Welch eine Ewigkeitsluft lag über der Versammlung! Keiner schwätzte, irgendein Bauer stimmte eines der Glaubenslieder an, und alle in der Kirche sangen mit. Lied um Lied erklang, und ich sang mit, während mir das Herz übervoll war. Die Predigt hielt der alte, weißhaarige Pfarrer Husemann. Ein Original! Solch eine nüchterne Predigt hatte ich noch nie gehört. Sie fing an: »Liebe Gemeinde! Meine Predigt hat zwei Teile.« Und dann betete er.

So lautete das Gebet: »Lieber Heiland, gib, dass man

es heute im Himmel und in der Hölle merkt, dass wir hier zusammen sind …« Während er diesen Satz sagte, meinte ich es fast körperlich zu spüren, dass jetzt in der ewigen, unsichtbaren Welt um mich gerungen wurde. Als ich nach Hause fuhr, war die Entscheidung klar: Ich werde Pfarrer! »Herr, hier bin ich, sende mich.«

Als ich vor einiger Zeit in der völlig überfüllten Kirche in Bünde evangelisierte, musste ich heimlich immer wieder zu dem Platz hinübersehen, auf dem einmal ein junger, zerrissener Student gesessen hatte, der nicht wusste, was er werden sollte. Mich wollte dann jedes Mal die Bewegung schier überwältigen: Dort hat mir mein Heiland meinen Weg klargemacht. Dank sei Ihm in Ewigkeit! Es war übrigens eine ganz seltsame Erfahrung: Als ich erst einmal den Entschluss gefasst hatte, Pfarrer zu werden, war es mir so, als hätte ich das eigentlich schon immer gewollt. Unzählige Wege und Führungen des treuen Gottes hatten schon längst in diese Richtung gezogen, gelockt und gerufen. Ich hatte es nur nicht erkannt. Aber jetzt war alles klar, und ich zog meine Straße fröhlich.

Ja, das alles hat seine entscheidende Wendung bekommen, als der sterbende Vater mir nicht erlaubte, von der Schule zu gehen. Da begann die Weichenstellung, die dann immer eindeutiger wurde. Es gehörte wohl auch in diese Führung hinein, dass mir die Gemütsbewegungen jener Nacht offenbar zu viel geworden sind. Ich bekam eine scheußliche Gelbsucht, die mich wochenlang im Bett festhielt. Umso mehr Zeit hatte ich für mich selbst. Die Stille des Krankenlagers hat mich den Segen recht ernten lassen, der mir durch Papas Tod so entscheidend zuteilwurde. Ich lag im Kinderzimmer, das an Vaters Krankenzimmer anschloss. So konnte ich alles aus nächster Nachbarschaft miterleben. Ich sah freilich den lieben Kranken jeweils nur noch kurz, etwa bei den Morgenandachten, die er bis zuletzt mit uns hielt. Der Eindruck vertiefte sich mir immer mehr: Dieses Sterben, weg von der geliebten Frau, weg von den unversorgten Kindern ist so bitter, und doch ist Papa fröhlich. »Unser Glaube ist der Sieg, der die Welt überwunden hat.«

So kam der 31. Oktober. Ich spürte, dass es nebenan sehr ernst stand. Da hörte ich auf einmal, wie Mama schier überirdisch rief: »Hier hat der Tod keine Macht – hier hat Jesus gesiegt.« Dann war es ganz still. Mir wollte das Herz springen vor Angst und Aufregung. Dann ging Lydia durch mein Zimmer, sie sagte kein Wort, aber weinte bitterlich. Nun wusste ich, dass Papa nicht mehr lebte. Seine sterbliche Hülle wurde unten im Salon aufgebahrt. Es dauerte nicht lange, bis ein unübersehbarer Strom durchs Haus pilgerte, um den lieben Toten noch einmal zu grüßen.

In meinem Zimmer, in dem ich krank lag, war es umso stiller. Es hatte wirklich keiner Zeit für mich. Da kam abends spät Wilhelm: »Komm, wir zwei wollen von Papa Abschied nehmen.«

Ich hängte mir einen Mantel um und ging mit Wilhelm hinunter. Dort unten war jetzt alles ganz still. Der Menschenstrom hatte für die Nacht aufgehört.

Da lag er, umgeben von einem Meer herrlicher Blumen, unser Vater, wie wir ihn im Leben gekannt und so unendlich lieb gehabt hatten. Es war, als ob er schliefe. Sein Bild hatte gar nichts von den Schrecken des Todes an sich. Wir beide standen sehr lange still an seinem Sarg. Dann gaben wir uns am Sarg die Hand zu stillem Bündnis: Wir wollten das Erbe des Vaters aufnehmen, wir wollten den Heiland lieb haben.

Mit diesem Gelöbnis schließt der Bericht von Johannes Busch über seine Jugendjahre.

DER PENNÄLER[2]

Am nächsten Morgen kamen die schrecklichen Männer, die den Sarg schlossen. Dann hoben sie ihn auf und begannen ihn wegzutragen. In diesem Augenblick ging's der Schar der Kinder erst richtig auf, dass nun ein wundervoller, reicher Lebensabschnitt zu Ende gegangen sei. Die Kleinen fingen an, jämmerlich zu weinen, auch die Großen konnten das Schluchzen nicht zurückhalten.

Da rief die Mutter mit starker Stimme: »Kinder, wenn wir jetzt keinen Heiland hätten, müssten wir verzweifeln!« Dieser Ruf war so vollmächtig, dass alle in überschwänglicher Weise die Gegenwart des Herrn spürten.

Als die Mutter später ihren 80. Geburtstag feierte, sprach Johannes in seiner Rede von jener Stunde: »Diese Szene, als man den Sarg des geliebten Vaters aus dem Haus trug und wir acht Kinder verzweifelt und ratlos im Flur standen und du, liebe Mutter, uns mit Macht auf den Heiland verwiesen hast, diese Szene gehört zu den Kostbarkeiten, die man als Erbteil durchs Leben tragen darf.« Und dann fuhr er fort: »Große Worte werden wohl je und dann in erhabenen Augenblicken ausgesprochen. Dein Wort aber hat sich als Wirklichkeit erwiesen.«

Dass man an den Rand der Verzweiflung kommen kann, das merkte Johannes schon am Beerdigungstag. Zuerst war es herrlich: die Feier in der übervollen Kirche, die spürbare Liebe der Gemeinde, Tausende, die bei dem Leichenzug die

2 Anmerkung des Verlags: damalige Bezeichnung für einen Schüler einer höheren Schule.

Straßen säumten und schweigend ihre Häupter entblößten, auf dem Friedhof die Lieder, Posaunen – alles das hob das Herz des Sechzehnjährigen empor an die Tore des Himmels. Dann kam ein Nachruf nach dem anderen. Immer mehr Leute gingen weg. Auch die Mutter und die Schwestern waren verschwunden. Nur Johannes stand mit mir, seinem älteren Bruder, am Grab und drückte den Teilnehmenden die Hand. Die Trauerschar wurde immer kleiner. Endlich hatte der Letzte sein Wort gesagt und ging. Wir beiden Brüder standen allein an dem Grab. Langsam verließen wir den Friedhof. Wir froren erbärmlich, als wir den Weg vom Sachsenhäuser Berg hinunterliefen. Wie oft waren wir diesen Weg bei fröhlichen Spaziergängen mit dem Vater gegangen, wenn es Frühling war und der ganze Berg in Blüten stand.

Jetzt war es Herbst. Der Vater tot. Kalt wehte der Wind, und so unendlich trostlos lag die Zukunft vor uns beiden. Da klang es uns immer im Herzen: »Wenn wir jetzt keinen Heiland hätten, müssten wir verzweifeln!«

Es kam eine schwere Zeit. Still wurde es um die Mutter mit den Kindern. Sie merkte, dass die Kirchengemeinde in großer Verlegenheit war: Man brauchte das Pfarrhaus, wenn man einen Nachfolger wählen wollte.

Wohin aber sollte die große Familie im Jahre 1921 bei der entsetzlichen Wohnungsnot?

Bei einem Spaziergang stand Johannes einmal auf der Höhe des Sachsenhäuser Berges, von wo man die große Stadt übersehen konnte, und schaute lange hinab. Und dann sagte er ganz erschüttert zu seinen Schwestern: »Sollte man das glauben, dass in diesen vielen, vielen Häusern nicht ein Eckchen für uns ist?«

Nun, das »Eckchen« fand sich. Die leitenden Leute im Frankfurter Diakonissenhaus sahen die Not und machten ein paar Räume frei. Es war nicht leicht für die Diakonissen, die Mutter mit den lebhaften Kindern aufzunehmen. Nur die zwei Ältesten waren schon aus dem Haus. Dazu kam eine alte, kranke Tante, die in der Familie lebte. Aber die Diakonissen brachten das Opfer. Und sie hatten dann große Freude an der Kinderschar.

Gerade damals zeigte die Mutter ihre ganze Größe. Nicht ein Wort der Klage kam aus ihrem Mund. Im Gegenteil! Sie war voll Lob und Dank, dass ihr himmlischer Vater ihr geholfen hatte. Und nun war es ihr Anliegen, den Kindern eine schöne Heimat zu machen. Als ich sie einmal in dieser Notwohnung besuchte, sagte sie das Psalmwort: »Er birgt mich im Schutz seines Zeltes.« Und dann erklärte sie mir, wie sie sich, hinter den alten Parkbäumen des Diakonissenhauses so still geborgen wisse mit ihren Kindern wie in einem »Zelt Gottes«.

Später fand man eine schöne Wohnung im Norden der Stadt. Dort in der Finkenhofstraße hat der Primaner[3] Johannes seine Freuden und inneren Kämpfe erlebt. Es war ein fröhlicher Geist in der Wohnung. Die Mutter hat damals eine wundervolle Geisteskraft entfaltet. Unter der Busch-Familie wohnten vornehme Leute, über ihr ein Arbeiter. Zwischen den Parteien war der schönste Krach im Gange. Jede versuchte nun zuerst, die Mutter auf ihre Seite zu ziehen. Als aber ein Jahr vergangen war, hatte sie alle miteinander versöhnt und eine köstliche, liebliche Hausgemeinschaft zustande gebracht.

Wie schön es war, sagte Johannes in der Rede beim 80. Geburtstag der Mutter: »Du lehrtest uns, dass in der

---

3 Anmerkung des Verlags: damalige Bezeichnung für einen Schüler der Oberstufe in der letzten Zeit vor dem Abitur.

Nähe Jesu immer Freude ist. Ich könnte da Geschichte an Geschichte reihen, und eine immer schöner als die andere, und doch wären alle auf den Ton gestimmt, dass man nicht verzweifeln muss, wenn man einen Heiland hat.«

Sogar sehr zufällige Passanten bekamen das zu spüren. Damals wimmelte es in der Welt von stellungslosen Kaufleuten, die nun als Vertreter für irgendwelche Waren von Haus zu Haus gingen, um ihr Leben zu fristen. Besonders zahlreich waren die Vertreter von Staubsaugerfirmen.

Eines Abends sagte die Mutter lachend: »Jetzt ist aber Schluss mit den Staubsaugermännern! Jeden zweiten Tag kommt einer an. Und da hilft es gar nichts, dass ich sage: Wir haben ja gar keine Teppiche. Sie überfahren mich einfach und erklären, sie wollten das Ding an den Polstermöbeln vorführen. Es hilft auch nichts, dass ich ihnen sage, wir haben keine Steckdose in der Wohnung! Sie montieren die Birne aus der Lampe, setzen ihren Apparat ein und – knacks ist die Sicherung durch! Ich kann doch nicht jeden zweiten Tag eine neue Sicherung einsetzen! Also – jetzt ist Schluss! Jeder weist diese Leute an der Tür ab!«

Am nächsten Morgen sitzt Johannes vor seinen Büchern und arbeitet für das Abitur. Da klingelt's: ein Staubsaugervertreter. Er lässt sich nicht aufhalten. Alles Zureden hilft nichts. Schon steht er auf dem Tisch, schraubt die Birne aus, steckt seine Schnur hinein und »Knacks!« macht's in der Sicherung.

»Oh, das werden wir gleich in Ordnung haben«, sagt der Mann. Und dann fummelt er eine halbe Stunde mit dem Erfolg, dass zwei weitere Sicherungen herausknallen. Doch fröhlich geht die Mama zu Johannes und sagt ihm: »Komm, tröste den armen Kerl! Ich mache euch eben ein kleines Frühstück!«

Und wirklich, obwohl in jener Zeit die meisten Leute kaum satt wurden, zauberte sie ein nettes, kleines Frühstück herbei. Bald saß Johannes mit dem Mann bei gemütlichem Gespräch. Und dabei verrät der Vertreter: »Wenn ich ehrlich sein soll, ich würde diesen verrückten Staubsauger auch nicht kaufen.«

Im Frühjahr 1924 hat Johannes Busch das Abitur hinter sich gebracht. Unter alten Briefen fand ich dazu eine Postkarte an seine Schwester Lydia. »L. L. (Das heißt wohl: Liebe Lydia!) Bestanden! Welche Seligkeit! 1000 Grüße! D. Scho. 8. 3. 24.«

Die Freude darüber musste er allerdings allein übernehmen. Denn gerade zu derselben Zeit kam bei der Mutter die Nachricht an, dass dem ältesten Sohn ein Junge geboren worden sei. Das rief im Geschwisterkreis solche Aufregung hervor, dass der arme Johannes gar nicht die Beachtung fand, die ein Abiturient mit bestandenem Examen doch beanspruchen kann.

Die treue Mutter aber entdeckte bald, dass sich hier eine Enttäuschung anbahnen wollte. So griff sie schnell ein und veranstaltete ein »Fest«. Das sah so aus, dass der Johannes ganz allein ein riesengroßes Kotelett bekam.

DER STUDENT

Es war im Sommer 1924, da saß ich mit meiner Frau beim Mittagessen. Die kleine Wohnung in Bielefeld, angesichts des Teutoburger Waldes, war in jeder Hinsicht erfüllt von »erster Liebe«. Ein Jahr erst waren wir verheiratet. In der Petrigemeinde, wo ich Hilfsprediger war, erlebten wir ein herrliches, geistliches Erwachen. Unter heißen Kämpfen mit dem Freidenkertum erwuchs eine lebendige Gemeinde, namentlich unter der Jugend.

Also, wir saßen fröhlich und glücklich beim Mittagessen, da ging die Tür auf, und herein kam Johannes, verstaubt, verschwitzt und strahlend: »Leute, habt ihr mir was übrig behalten? Ich habe Hunger wie ein Wolf!«

Wir mussten lachen beim Anblick des Bruders. »Mann, du siehst aus wie eine Mischung aus fahrendem Scholaren[4] und Studenten der Gottesgelehrsamkeit. Na, und beides bist du ja auch!« – Er kam wirklich wunderlich daher. Rechts hing ein Brotbeutel, vollgepackt mit Büchern, links unter der Leinenumhüllung das Flügelhorn. Beides unter einer Kleidung, die weit entfernt war von jeder modischen Eleganz. Es war die Zeit der Jugendbewegung. Und wer so ein lebendiger Kerl war wie Johannes, der hatte eine Menge von dem Stil mitbekommen: Schillerkragen und Wanderkluft. Man bewegte sich damals noch nicht ausschließlich auf Gummirädern, darum wunderten wir jungen Eheleute uns nicht, dass er erzählte, er sei von Bethel herübergelaufen.

4 Anmerkung des Verlags: »Scholar« (von lateinisch »scola« = Schule) nannte man, insbesondere im Mittelalter, einen fahrenden Schüler oder Studenten oder einen akademisch gebildeten Kleriker ohne Amt und feste Stellung.

Während es Johannes wunderbar schmeckte, schaute ich auf die beiden Bündel, die in der Ecke lagen: Bücher und Flügelhorn. Sie erzählten, was für ein Student Johannes war.

Ein dicker Schmöker! Natürlich Professor Karl Barths »Römerbrief«, der damals wie eine Bombe unter den Theologen einschlug! Johannes nahm es ernst mit der theologischen Wissenschaft. Aber er gehörte nicht zu den einseitigen Leuten, die ihre Nase nicht mehr aus den Büchern bekommen und mit tierischem Ernst verkündigen: »Ein Student der Theologie soll *nur* studieren!« – »Gewiss!«, sagte Johannes, »aber er soll auch das flutende Leben der Gemeinde Jesu Christi studieren, er soll mittendrin stehen und teilhaben an dem Leben der Gemeinde, der er einmal dienen will.« Die Posaune erzählte, wie Johannes teilnehmen wollte an dem geistlichen Leben des Ravensberger Landes, das seinen Ausdruck immer wieder in den Posaunenfesten findet.

Schließlich war Johannes gesättigt. »Wir singen zum Schluss der Mahlzeit ein Danklied«, sagte ich. Da nahm Johannes sein Flügelhorn heraus: »Danket dem Herrn! Wir danken dem Herrn; denn er ist freundlich …«

Während nebenan meine Frau beim Geschirrspülen mit den Tellern klapperte, saßen wir Brüder zusammen in ernstem Gespräch. Johannes berichtete von seinem Studium, das er an der *theologischen Schule in Bethel* begonnen hatte. Diese Säule war von dem bekannten Pastor Friedrich von Bodelschwingh am Anfang des 20. Jahrhunderts gegründet und mitten in das Liebeswerk an den Epileptischen hineingestellt worden.

Diese Schule muss ihn stark geprägt haben. Namentlich der Grundsatz Bodelschwinghs: »Damit, dass wir unsere Gegner schlecht machen, ist uns nicht geholfen; wir müssen selbst besser werden.« Johannes hat später erstaunlich wenig

»gegen« jemand gekämpft. Im Kirchenkampf ist er nicht zu Felde gezogen gegen die »Deutschen Christen«, sondern er hat den Herrn Jesus bezeugt. Und als nach dem Zweiten Weltkrieg der Kampf um die Form der Jugendarbeit entbrannte: »Gemeindejugend oder Bund«, da erklärte er mir einmal: »Ich habe keine Lust, mich an dieser Diskussion zu beteiligen. Ich möchte den Herrn Jesus bezeugen, wo man mich ruft. Und wenn Gruppen von Gemeindejugend mich einladen, dann gehe ich hin. Und dann sage ich ihnen nicht: Ihr müsst in den Westbund, sondern: Ihr dürft euch zum Herrn Jesus bekehren.«

Die Monate in Bethel waren eine wundervolle Zeit. – Ein heißer Sommersonntag. In Bethel ist Posaunenfest. Von allen Seiten strömen Tausende herbei, zu Fuß und mit Wagen. Auf Fahrrädern sieht man junge Männer ankeuchen, das dicke Blasinstrument auf dem Rücken.

Wir beiden Brüder stehen an der »Waldkirche«. Durch die hohen Buchen sickert das Sonnenlicht. Eilfertig laufen Diakonissen und Diakone umher, um auf den amphi-theatralisch angeordneten Bänken ihren Kranken Platz zu verschaffen. Da sitzen die Ravensberger Bauern neben ihren fleißigen Frauen. Heute ruhen die Hände im Schoß. Es ist ein so unbeschreiblich liebliches Bild, dass Johannes immer nur leise sagt: »Wundervoll! Wundervoll!«

Auf einmal steht der alte Posaunengeneral Kuhlo vorn auf einem Stuhl. Um ihn herum blitzen die Instrumente von Hunderten von Bläsern. Ganz still wird es. Und dann brausen und klingen und jubilieren die Hörner. Die Gemeinde fällt ein: »Sollt' ich meinem Gott nicht singen …«

Auf einmal stehe ich allein. Johannes neben mir ist verschwunden. Dort drüben steht er bei den Flügelhornbläsern mit dem Instrument an den Lippen. Ich muss lächeln. Johannes würde jetzt das Herz zerspringen, wenn er nicht im Posaunenschall mitjubeln könnte.

Es geschieht dann eigentlich nichts Besonderes. Lieder und geistliche Ansprachen wechseln einander ab. Und doch ist es so herrlich, dass man sich wie an den Toren des Himmels fühlt. Woran liegt das eigentlich? Am Sonnenschein? An all den vielen jungen Menschen? An den grünen Wäldern und Bergen, die hereingrüßen? Gewiss, das alles ist schön. Aber »Jesus ist schöner«. Hier ist Gottes Volk um seinen Herrn versammelt. »Hier ist Gottes Angesicht, hier ist lauter Trost und Licht.«

So hat Johannes die Feste des Volkes Gottes lieben gelernt. Diese Feste sind schön, wenn in ihnen geistliche Kraft ist, dass die Menschen für ihren Alltag neuen Mut und Freudigkeit im Glauben finden. Er hat damals wohl nicht geahnt, dass er später selbst viele solcher Feste leiten würde.

Am Montag aber wurde wieder wacker studiert, und zwar eisern, denn es stand ja das Examen im Hebräischen in Aussicht, bei dem in Bethel viel verlangt wurde.

Als der große Tag herankam, radelte ich nach Bethel, um Johannes Mut zuzusprechen. Aber das war gar nicht nötig. Er empfing mich strahlend: »Die Leute machen ein Fest aus dem Tag! Heute Morgen haben mir meine Quartiergeber schon die herrlichsten Blumen ins Zimmer gestellt. Jetzt darf ich ja gar nicht mehr durchfallen. Und die theologische Schule hat uns 16 Prüflingen Schinkenbrote zur Stärkung gestiftet.« Da zog ich wieder nach Hause und sagte zum Abschied nur: »Heute Abend wird bei uns in Petri gefeiert. Dass du aber auch bestimmt kommst!« – »Klar«, rief Johannes fröhlich und winkte mit der hebräischen Bibelausgabe. Das wurde ein fröhliches Fest am Abend. Den ganzen Tag hatte es in der Küche rumort. So einfach war's nicht, ein Festessen zu richten, denn nach der Inflation konnte ein Hilfsprediger kein üppiges Leben führen. Trotzdem wurde fröhlich getäfelt und gesungen, geblasen und erzählt.

Plötzlich aber war das Fest zu Ende, denn es erschien ein »reitender Bote« auf dem Fahrrad und erklärte: »Einen schönen Gruß von Lic. Trittelvitz. Und um 10 Uhr am Abend würde bei Trittelvitzens das bestandene Hebraicum gefeiert.« So sang man noch ein Loblied, und dann zog Johannes los zu Trittelvitzens. Von denen muss jetzt noch ein Wort gesagt werden: Johannes hatte Glück, dass er bei dem Missionsinspektor Trittelvitz wohnen konnte. Man kann sich das Bethel von damals nicht denken ohne diesen bedeutenden und originellen Missionsmann. Und die mütterliche Frau sorgte für ihre Studenten in rührender Weise.

Als Johannes ankam, war der Garten mit Lampions erleuchtet. Schallender Gesang empfing die »Sieger«. Dann traten kleine Mädchen vor und wollten ihnen einen Kranz aufs Haupt drücken. Verlegen standen die Studenten da. Aber es half nichts, sie mussten niederknien und sich dekorieren lassen wie römische Triumphatoren.

Von Bethel ging es zur *Universität Tübingen* im lieben Schwabenland. Da hat der junge Student sechs Tage lang eifrig Vorlesungen gehört und dabei rechtschaffen gehungert. Am Samstagmittag aber schloss er die Bücher und reiste auf die Schwäbische Alb. Dort ist fast an jedem Samstag irgendwo eine Gemeinschaftskonferenz, wo die Bauernbrüder zusammenkommen und sich über Gottes Wort austauschen. Nach der »Stunde« saß man dann in einem Bauernhaus, trank Kaffee zum »Hefekranz«. Wie freuten sich die »Brüder« an dem jungen Theologen, den es zu den »Brüdern« zog. Wenn dann die Sonne zu sinken begann, fuhr oder wanderte er mit den Brüdern seiner Mutter, dem »Onkel Paul« und dem »Onkel

Albrecht«, nach Hülben, wo ihn die »vollen Fleischtöpfe« erwarteten.

Johannes war ein geselliger junger Mann, um den sich gern andere sammelten. Es ist kein Wunder, dass sich studentische Korporationen[5] eifrig bemühten, ihn in ihre Mitte zu ziehen. Aber er hatte keine Freude an diesem Korporationsbetrieb, der ihm damals schon reichlich veraltet vorkam. Dagegen schloss er sich mit ganzem Herzen der DCSV (Deutsche Christliche Studentenvereinigung) an. Ein unendlicher Segen ist von dieser geistlichen Studentenbewegung ausgegangen. Damals stand an der Spitze dieser DCSV der ehemalige Reichskanzler Michaelis, ein wahrhaft frommer Mann, Generalsekretär war der spätere hannoversche Bischof Lilje.

In dem Haus der DCSV am Österberg fand Johannes Freunde, mit denen er auf dem Fechtboden stand, wanderte, ritt und vor allem Gottes Wort las. In Münster hat er später das Amt als »Fuchsmajor« übernommen. Das ist bezeichnend für ihn. In diesem Amt musste er sich um die jungen Anfänger im Studium kümmern. Von seinem Studium in Tübingen wissen wir wenig. Offenbar hat Professor Adolf Schlatter ihm viel gegeben. Sein jüngerer Vetter Albrecht Schäfer erzählt von jener Zeit:

»Als ich 14 Jahre alt war und mit meinem Bruder Gerhard im Schülerheim Melanchthonstift in Freiburg wohnte, besuchte uns Johannes auf der Durchreise zum Studium nach Basel ein paar Stunden. Zuerst lud er uns zum Mittagessen in einem Gasthaus ein – und wir wussten doch, dass er mit bescheidenen Mitteln studieren müsse –, und dann erzählte er von Professor Schlatter. Bei Schlatter sei ihm die Bedeu-

---

5 Anmerkung des Verlags: Eine Korporation (oder Studentenverbindung) ist ein Verband von Studenten und Absolventen einer Hochschule, der Brauchtum und gewachsene Traditionen pflegt.

tung der Gemeinde aufgegangen. Jesus beruft uns wohl zum Glauben. Aber die Gegenwart Jesu, wo solches geschieht, ist in seiner Gemeinde. Ich habe diesen Gedanken seither nicht mehr vergessen, und er war mir in jungen Jahren des Zweifels und Ringens oft eine Hilfe.«

Johannes hat 1926 seine Zelte in *Basel* aufgeschlagen, um hier weiterzustudieren. Eigentlich ist das allerdings für ihn nicht so sehr »Ausland«. Hier in Basel war seine Großmutter Busch, eine geborene Arnold, zu Hause. Johannes weiß, dass der Name Arnold in den christlichen Kreisen Basels einen guten Klang hat. Da war der Bruder der Großmutter, Wilhelm Arnold, der die Predigerschule gegründet hat.

Ein trüber Novembertag, an dem die Sonne kaum recht hervorkommen will. Sonntagnachmittag um drei Uhr. Die Glocken in einer der Kirchen haben eben ausgeläutet, als der junge Student hereintritt. Er ist überrascht, dass zu dieser merkwürdigen Zeit so viele Leute in der Kirche versammelt sind. Der Student setzt sich in eine der hinteren Bänke und schlägt das Lied auf. Dann erscheint der Pfarrer. Johannes Busch schlägt das Herz. Das ist also der Sohn und Onkel Arnold. Wie oft ist dieser Name im Elternhaus genannt worden! Johannes weiß, dass dieser Mann auf seinen Vater einen bestimmenden Einfluss ausgeübt hat. Jetzt steht der Pfarrer auf der Kanzel. Er schlägt die Bibel auf und liest aus der Offenbarung die wundervolle Stelle, in der die Rede ist von der »großen Schar aus allen Völkern, Heiden und Zungen«, von der unzählbaren Schar der Vollendeten, die vor dem Thron Gottes und des Lammes stehen in weißen Kleidern und die mit großer Stimme schreien: Heil sei unserem Gott und dem Lamm. Schon bei der Verlesung dieses Textes spürt der Student: Dieser Mann hat eine herrliche Vollmacht. Als der Onkel dann predigt, ist es, als sei der Himmel geöffnet und man stehe in der Schar der Vollendeten und dürfe mit ihnen singen und anbeten.

Johannes schreibt dazu: »Beim Herausgehen begrüßte mich die Tante herzlich. Wir warteten dann zusammen auf den Onkel. Sie luden mich zum Kaffee ein …« Er kam oft in das Haus dieses Mannes. Allerdings war ihm dabei immer ein wenig feierlich zumute, weil hier die bekannte Alt-Basler Vornehmheit herrschte, die aber gewiss ein gutes Stück weltlicher Erziehung für den Studenten bedeutet hat. – Umso ungezwungener war es dann bei dem »Vetter Bubeck«. In einem Brief heißt es: »Wir zogen die Röcke aus, und es war fabelhaft gemütlich.«

Basel war damals eine seltsame Universität. Die theologische Fakultät hatte nur 25 Hörer. Um diese 25 rissen sich 15 Professoren und Dozenten. Das hatte natürlich für die Studenten große Vorteile. Denn so kamen sie in einen persönlichen Kontakt mit ihren Lehrern. Johannes entschloss sich darum, hier weniger zu lesen und dafür mehr Vorlesungen zu besuchen.

In einem Brief erzählt er seiner Mutter: »Heute Mittag hatte ich große Freude. Ich war beim Professor E. zum Mittagessen eingeladen. Ich verstehe jetzt noch nicht, wie ich zu dieser Ehre komme. E. ist ein junger, gescheiter Professor, der ganz positiv steht. Er ist nicht verheiratet, sondern wohnt mit seiner Mutter zusammen. Sie kannte das Buch, das Papa über Dein Elternhaus geschrieben hat, »Aus einem schwäbischen Dorfschulhaus«. E. sprach viel von Papa, den er – scheint's – gut kannte. Der Nachmittag mit ihm war mir sehr wertvoll.«

In einem späteren Brief berichtet er: »In der ›Religionsphilosophie‹ bei B. bin ich tatsächlich der einzige Zuhörer. Stellt Euch vor, ein Kolleg mit einem Studenten! Da kann ich doch nicht auch noch wegbleiben! Der Mann tut mir so sehr leid. Er sieht sich immer so furchtbar traurig um, ob tatsächlich nicht mehr da seien. Es muss doch sehr schwer sein für einen Professor.«

Eines Tages war er wieder bei Professor E. eingeladen. Beim Essen erzählte sein Gastgeber, er ginge manchmal an schönen Sommertagen nach Weil, um eine Gemeinschaftsstunde bei dem gesegneten Bruder Bertsch mitzumachen. Erstaunt horchte Johannes auf und rief: »Da gehe ich ja auch oft hin!« – »Nun, dann können wir ja manchmal gemeinsam hinpilgern«, meinte der Professor. Johannes bemerkte dazu in einem Brief an seine Mutter: »Ist es nicht fein, wenn man mit seinem Professor so stehen kann?« Neben den Vorlesungen ging das stille Studium weiter. Da bemühte er sich eifrig, in die hebräische und griechische Sprache tiefer einzudringen. Es war ihm aufgegangen, wie wichtig es ist, den Text in der Ursprache zu lesen. In einem Brief heißt es: »Im Griechischen bin ich jetzt bei den Abschiedsreden Jesu. Ich kann gar nicht aussprechen, wie viel Freude ich daran habe. Wenn man so Wort um Wort rausknobeln muss, merkt man erst so richtig, wie da Wort für Wort lauteres Gold ist.«

Johannes wollte lernen. Darüber weitete sich sein Blick. Fast rührend mutet ein Bericht an, den er im Sommer 1926 an seine geliebte Mutter schrieb:

»Heute war ich bei einer Konferenz der Theologenschaft in Riehen. Dort sprach Pfarrer B. über ›Ziel und Methode des Pfarramtes‹. Pfarrer B. ist hier Pfarrer in einem Arbeiterviertel. Bei seinem Vortrag hatte ich mal wieder gesehen, dass wir nie so früh urteilen sollen. Mir schien es bisher immer, als habe Pfarrer B. so ein modernes Christentum, wenig vom Evangelium, aber viel Betriebsamkeit. So hatte ich mich zu starker Opposition gerüstet. Nun sprach er aber so fein, dass ich ganz beschämt war. Beim Tee saß ich neben ihm und konnte ihn noch manches fragen.« Johannes hatte einen jungen Schweizer Studenten kennengelernt, mit dem er manches Gespräch führte. Dabei kam die Rede auch einmal auf die Heilsarmee. Johannes, dem diese Arbeit ganz fremd war, machte eine spöttische Bemerkung. Da wurde der junge Freund sehr ernst und erzählte: »Als ich noch in der Schule war, führte ich mit meinen Freunden ein tolles, wildes Leben. Eines Tages gingen wir im Übermut in eine Heilsarmee-Versammlung. Wir dachten, das müsse ein riesiger Spaß werden. Wir wollten natürlich nur Unsinn treiben. Aber es kam völlig anders. Das Zeugnis der Heilsarmee packte uns so gewaltig, dass sich damals bis auf wenige die ganze Klasse bekehrte. Sieben aus dieser Klasse studieren heute Theologie.«

Diese Geschichte machte auf Johannes einen unerhörten Eindruck. Nun wollte er auch die Heilsarmee kennenlernen. Mit seinem jungen Freund ging er dorthin, und damals hat er eine große Liebe für die Streiter Jesu Christi bekommen. In jener Versammlung geschah dann noch eine hübsche Sache. Die Leute dort haben die Gewohnheit, dass sie bei jeder möglichen Gelegenheit »Halleluja!« rufen. Da sprach nun ein Heilsarmee-Offizier. Seine Rede wurde immer wieder mit Halleluja-Rufen unterbrochen. Schließlich berichtete er, sie hätten leider 3000 Franken Schulden. Schallend rief eine Stimme »Halleluja!«. Da gab es ein großes Gelächter.

In Basel ist ihm der Blick geöffnet worden für die Weite, Größe und Vielgestaltigkeit des Reiches Gottes auf Erden. Hier kam er nämlich in besonderer Weise in Berührung mit der Heidenmission. Dafür brachte er von zu Hause schon eine große Liebe mit. Der Vater war ein eifriger Missionsmann gewesen. Als Jahre zuvor die Basler Mission vor der Frage stand, ob man eine neue Arbeit in Togo aufnehmen solle, opferte der Vater zwei Nächte, um an dieser Sitzung teilnehmen zu können. Am Abend des Sitzungstages – Johannes war damals noch ein Kind – ist zu Hause in Frankfurt die große Familie beim Abendessen zusammen. Plötzlich schellt es, ein Telegramm wird hereingebracht. Es ist lautlos still, während die Mutter es öffnet. »Arbeit in Togo beschlossen«, liest sie. Da bricht ein Jubel los, der fast keine Grenzen kennt. Am Haus Vorübergehende mögen die Köpfe geschüttelt haben über den Freudenlärm. Auf den Gedanken wäre gewiss niemand gekommen, dass man sich hier freute, weil der Siegeszug des Evangeliums weiterging.

Bei diesem Geist im Elternhaus war es kein Wunder, dass Johannes an dem Missionsleben in Basel regen Anteil nahm. Begeistert feierte er das herrliche mehrtägige Missionsfest mit, und er war fast verzweifelt, dass er nicht all die bedeutenden Missionsmänner hören konnte, die oft zu gleicher Zeit an verschiedenen Stellen redeten. Nach einer studentischen Missionskonferenz schrieb er an seine Mutter: »Jetzt fehlt nicht viel, dass ich selbst noch Missionar werde.«

Er hat diese Liebe zu dem weltweiten Werk der Mission sein Leben lang behalten. Lange Jahre hindurch arbeitete er bei der Rheinischen Mission verantwortlich mit.

Besonderen Eindruck hat ihm in jener Zeit der blinde Professor Riggenbach gemacht. Der war Vorsteher des Konvikts[6], in dem der junge deutsche Student wohnen durfte. Offenbar haben die beiden, der Lehrer und der Schüler, einander bereichert.

An einem sonnigen Morgen griff Johannes nach seinem Flügelhorn und blies einige Choräle über die morgenstille Stadt hin. Mittags erzählte der blinde Professor sei-

---

6 Anmerkung des Verlags: Ein Konvikt ist eine studienbegleitende Ausbildungseinrichtung für Pfarramts- und Lehramtsanwärter mit Wohnmöglichkeit.

nen Studenten davon und sagte: »An Posaunentönen bin ich aufgewacht. Da habe ich gemeint, der liebe Jüngste Tag sei angebrochen. Als ich merkte, dass es nur ein Student war, war ich ein wenig bedrückt, dass ich weiter warten muss.« Johannes aber schrieb seinen Freunden: »Wie wundervoll, wenn ein Christ so in der Erwartung seines wiederkommenden Herrn lebt!«

Auch in Basel gab es einen kleinen Kreis der DCSV. Mit Feuereifer hat Johannes sich um diesen Kreis bemüht. Dabei war es ihm ein Anliegen, dass der kleine Kreis sich nicht nur selber geistlich stärkte. Er wollte Mission an seinen Kommilitonen treiben.

Dabei gab es natürlich manche Aufregung. Einmal hatte man den Generalsekretär Weber aus Freiburg zu einem Vortrag gebeten. Das musste ein ganz großer Schlag werden. So wurden Plakate angefertigt, Einladungen geschrieben, Kommilitonen besucht. Kurz: Es wurde Propaganda für diesen Besuch entfaltet.

Als am Abend vor dem Vortragstag alles bereit ist und Johannes müde nach Hause kommt, findet er ein Telegramm von Weber: »Kann leider nicht kommen.« Da war die Verzweiflung groß. Aber am nächsten Morgen machte er sich daran, einen neuen Redner zu gewinnen, und der Abend wurde schließlich sehr gut. Solche Erlebnisse haben den späteren Bundeswart gewiss vorbereitet auf ähnliche und größere Pannen, die er überwinden musste. Es war ihm ernst mit seinem Missionsdienst an Studenten. Da schreibt er in einem Brief an die Mutter: »Interessant und erschütternd war mir das Gespräch mit einem jungen Ostpreußen, der auch mit war. Er ist sehr gescheit und weiß sehr viel, ist Theologe, aber radikaler Skeptiker mit fabelhafter philosophischer Schulung. Im Lauf des Gesprächs sagte er, ihm graue es vor dem praktischen Beruf. Als ich sagte, wir hätten doch den Auftrag, das Evangelium zu verkündigen, da meint er, was sei denn das Evangelium, etwa die Botschaft von Jesus? Jesus sei ein Mensch gewesen, der das nahe Gottesreich verkündigt habe, das dann nicht eingetreten sei, also ein Idealist und Fantast. Er fing dann mit einer langen philosophischen Rede an. Als ich ihm dann sagte, der Friede Gottes sei höher als alle Vernunft, da lächelte er: Das sei die neidisch-proletarische Einstellung des Juden Paulus gegenüber der griechischen Kultur. Wir stritten uns noch lange so rum, er sagte immer nur: ›Woher wissen Sie denn, dass das keine Einbildung ist? Beweise!‹ Er tat mir leid. Wir haben Freundschaft geschlossen.«

So schön die Zeit in Basel war – immer stärker zog es ihn nach Münster, wo der berühmte Professor Karl Barth lehrte. Die Wogen gingen damals hoch um Karl Barth. So schrieb die Mutter eines Tages den besorgten Brief an den umstrittenen Professor, von dem in den voraufgegangenen persönlichen Aufzeichnungen von Johannes Busch bereits berichtet wurde.

So zog er im Herbst 1926 nach *Münster*.

Das große Erlebnis dort war Professor Karl Barth. Fast in jedem seiner Briefe, die er nach Hause schreibt, kommt der verehrte Lehrer vor: »Wir hatten offenen Abend bei Barth, wo man diesmal eine Predigt von G. D. Krummacher besprach.« – »Am letzten Dienstag wurde bei Barth eine Kohlbrügge-Predigt gelesen und besprochen. Barth war so persönlich, aufgeschlossen und gut aufgelegt. Als ich mit dem dicken Verband um den Kopf, den ich wegen des ärgerlichen Ausschlags tragen muss, hereinkam, fragte er mich entsetzt: ›Haben Sie sich geschlagen? War's so 'ne schwere Beleidigung?‹«

Johannes hat später oft bekannt: »Wenn ich nicht bei Karl Barth gewesen wäre, hätte ich den Kirchenkampf nicht verstanden und bestanden. Was das objektive Heil und das Bekenntnis der Kirche bedeuten, habe ich hier erst begriffen.«

Warum wurde er trotzdem kein »Barthianer«? Vielleicht, weil er Karl Barth so gut verstanden hat. Der hat nämlich in späteren Jahren einmal selber gesagt: »Meine Herren, ich bin kein Barthianer.« Vielleicht auch deshalb, weil ihn alles Studium in die Bibel trieb – und wer am lebendigen Wort Gottes bleibt, kann niemals ein »-ianer« werden.

Vor allem aber brachte er ein reiches pietistisches Erbe mit. Das bewahrte ihn vor der Gefahr, einer Theologie zu verfallen, die leicht in tote Orthodoxie führt. So ist es bezeichnend, dass er neben Karl Barth mit großem Gewinn die Vorlesungen bei Professor Schmitz besuchte, der den Gemeinschaftskreisen in herzlicher Brüderlichkeit verbunden war. Johannes schreibt an seine Mutter: »Die letzten Tage standen unter dem Zeichen meiner Seminararbeit über das ›Hohepriesterliche Gebet‹ für Professor Schmitz. Dieses Gebet ist mir jetzt eigentlich erst in seiner ganzen vollen Größe aufgegangen, wie Jesus von der Einheit und Vollendung seiner Gemeinde spricht.«

In diesem Brief ist eine Stelle interessant, die zeigt, wie er in dem Streit theologischer Meinungen seinen Weg sucht. Da heißt es: »Interessant war mir Folgendes: Ich las unter anderem auch die Kommentare von Heitmüller und von Schlatter durch. Heitmüller leitet seine Erläuterung mit dem Satz ein: ›Wir finden hier ein paar Gedanken, die uns schon bekannt sind, die hier mit ermüdender Ausführlichkeit und Breite gebracht werden.‹ Schlatter sagt: ›Es gibt keinen vollständigeren, umfassenderen und doch zugleich einfacheren Unterricht über das, was *Christentum* ist, als den, den uns Johannes mit Jesu letztem Gebet gegeben hat.‹ Ich kann auf diese verschiedene Auffassung nur mit Vers 17 sagen: ›Herr, heilige uns in deiner Wahrheit, dein Wort ist die Wahrheit.‹«

Münster ist nicht weit entfernt von Essen. Dort war ich inzwischen Pfarrer in einer riesigen Bergarbeitergemeinde geworden und erlebte es sichtbar: »Gottes Wort ist ein Hammer, der Felsen zerschmeißt.«

Das zog Johannes an. Sooft er nur konnte, fuhr er nach Essen. Es wurde eine innig schöne Zeit für uns. Zusammen zogen wir los zu den Hausbesuchen. Das war keine einfache Sache. Man klingelte an der Wohnung. Dann ging die Tür ein wenig auf, und eine raue Stimme rief: »Wir kaufen nix an der Tür.« Fröhliches Lachen: »Sie sollen nichts kaufen. Wir wollen Ihnen etwas schenken!« Da ging dann die Tür ganz auf. Ein unrasiertes Bergmannsgesicht erschien und fragte misstrauisch: »Heutzutage verschenkt keiner was. Wer sind Sie?« – »Der evangelische Pfarrer!« Prompt flog die Tür wieder zu: »Wir brauchen keinen Pfaffen!«

Aber schon hatte einer von uns leise den Fuß in den Türrahmen gestellt. Die Tür konnte also nicht ins Schloss fallen. Und einer von uns sagte freundlich: »Richtig! Sie brauchen keinen Pfaffen. Wir auch nicht. Aber Sie und wir brauchen einen Heiland. Machen Sie mal ruhig richtig auf.«

So und ähnlich haben wir es immer wieder erlebt. Oft aber gingen die Türen freudig auf. Johannes berichtet seiner Mutter von einer solchen Besuchstour: »Viele freuen sich, dass jemand nach ihnen schaut. Wir sehen da viel Elend. Besonders ergreifend war es bei einem alten Mann. Der zeigte uns seine Füße, die schauerlich geschwollen, eitrig und brandig waren. Ich musste mich vor Entsetzen mit beiden Händen an der Tischkante halten.«

»Ich werde nebenbei Wilhelms Lehrvikar«, schrieb er einmal. Aber da war er zu bescheiden. Nicht Lehrvikar, sondern »Festprediger« wurde er.

In dem großen Bezirk gab es weder eine Kirche noch ein

Gemeindehaus. Es ist eine wunderbare Geschichte, wie Gott dann für ein kleines, polizeiwidriges Sälchen sorgte. Dort war an einem Sonntag ein großer Festabend angesetzt. Ein paar junge Männer führten ein evangelistisches Sprechspiel auf: »Der verlorene Sohn.« Der Höhepunkt war: »Festansprache eines Studenten aus Münster«. Das gab Aufsehen. Unter einem »Studenten« stellten sich die Bergarbeiter damals einen bunt bemützten Säufer vor. Kein Wunder, dass der Saal viel zu klein war. Johannes berichtete nachher der Mutter: »Es war eine Luft im Saal, dass man beinahe erstickte. Aber es war ganz herrlich.«

Der Höhepunkt jener Zeit war eine Jungmännerfreizeit in Holland. Wackere junge deutsche Kaufleute, die in Rotterdam in guten Stellungen waren, hatten einen deutschen CVJM gebildet. Nun hatten sie zu einer Freizeit aufgerufen und mich um die Leitung gebeten. Da musste Johannes mit!

Es wurden unbeschreibliche Tage! Gott schenkte eine mächtige Bewegung. Das fing damit an, dass um Mitternacht junge Männer an meine Tür klopften und fragten: »Was sollen wir tun, dass wir selig werden?« Der nächste Tag war so sommerlich heiß, dass man meinte, jetzt könne man nur im Gras liegen und schlafen. Aber bei mir in der Dachstube saß das Volk auf dem Bett, auf dem Boden und auf dem Tisch und wollte wissen, wie man seines Heils gewiss werden könne. Johannes hatte gar keinen Platz mehr finden können. So saß er im Fenster, hängte die Beine nach außen und lachte alle aus, die diesen Sitz etwas gefährlich fanden.

Als am letzten Tag der Freizeit diese würdigen jungen Kaufleute wie die Kinder im Park tobten, sagte ein älterer Mann bedächtig: »Da denkt man ja an das Bibelwort: ›Ihr werdet hüpfen wie die Mastkälber.‹ Da schauten wir beiden

Brüder uns kurz an. Und Johannes sagte: »Richtig. An derselben Stelle steht nämlich: ›Euch soll aufgehen die Sonne der Gerechtigkeit.‹ Das ist hier geschehen.«

Zwei Tage darauf saß er in Münster wieder zu den Füßen von Karl Barth und schrieb eifrig in sein Kollegheft.

Eines Tages bekam er einen Brief von einem Pfarrer, der in einer kleinen Stadt an der holländischen Grenze seinen Dienst tat: Er suche dringend einen Mann für eine Vertretungspredigt, und er habe gehört, dass Johannes schon öffentlich gesprochen habe und nun solle er doch die Predigt dort halten. Er bekäme auch 10 Mark Spesen. – 10 Mark Spesen! Das war ja ein Vermögen für den armen Studenten. Das reichte ja für zwei Mann! Da konnte er doch seinen Freund Theo Ostertag mitnehmen!

Der war natürlich begeistert von dem Plan! Eine kleine Reise! Und Zeuge werden der ersten Predigt des Freundes!

Welche Aufregung kostet so eine erste Predigt! Johannes wählte als Text die Geschichte vom »Pharisäer und Zöllner«. Aber als die Predigt glücklich fertig war, erfuhr er: Die Gemeinde besteht zum größten Teil aus Zollbeamten. Da packte den Studenten die Sorge, die könnten das »in den falschen Hals« bekommen. So wählte er einen neuen Text: wie der gute Hirte sein verlorenes Schaf sucht. Die kleine Geschichte ist typisch. Johannes hat jederzeit offen und frei die Wahrheit bekannt, ohne Menschenfurcht. Aber er wollte alles vermeiden, was unnötig verletzen kann. Das hat ihn später, als Bundeswart, fähig gemacht, in schwierigsten Verhandlungen auch jene zu gewinnen, denen er widerstehen musste.

Fröhlich zogen die beiden Freunde an dem ereignisreichen Tag los. Am Bahnhof standen zwei feierliche Männer: der alte, würdige Kirchmeister und der Küster. Da wurde ihnen beklommen zumute. Und dem Johannes fiel es nun auf einmal ein, dass er ja nicht einmal einen Hut hatte. Was sollten die beiden Herren denken?

Die Beklommenheit steigerte sich, als sie sahen, wie viele Menschen in dieser lebendigen Gemeinde in die Kirche kamen. Johannes schreibt: »Wie ich dann die vielen Leute in die Kirche strömen sah, Junge und ehrwürdige Alte, da fiel es mir wirklich schwer, was ich den Leuten nur sagen sollte. Da ging es mir fast wie Mose: ›Herr, ich habe eine schwere Zunge.‹ In solchen Momenten, wo man es wagt, sich auf der Kanzel so über die Gemeinde zu stellen, da merkt man erst so recht seine ganze Kümmerlichkeit und Unzulänglichkeit: dass man den Auftrag hat, den Leuten Lebensbrot zu geben – und wie viel ›Sauerteig der Pharisäer‹ ist darunter; dass man den Auftrag hat, hier wirklich Gottes Wort zu reden, und das können wir doch einfach nicht, und wenn nicht der Heilige Geist unserer Schwachheit aufhilft, so bleibt doch nichts als menschliches Schwätzen, und das wäre doch furchtbar. Vom Predigen hat wohl am meisten Segen der Prediger, und wenn es nur der Segen wäre, zerschlagen zu werden. Ich bin wirklich dankbar, dass alles so gut ging …«

Die Zeit in Münster war reich an Erleben. Wenn man alles erzählen wollte, gäbe es einen dicken Band. Aber eines muss noch berichtet werden.

In Münster begegnete er einer jungen Philologiestudentin, Grete Johann. Sie schloss er in sein Herz. Wer kann den stillen Wegen der Liebe nachgehen! Wir wollen deshalb nur zwei kurze Berichte weitergeben, die über diese Angelegenheit vorhanden sind.

Ein Freund schreibt: »Eines Mittags kommt er sehr spät, zu spät, zum Mittagessen nach Hause. Mit drei Stufen auf einmal nimmt er die Treppe. ›Frau Wolff, jetzt geben Sie mal etwas Gutes zu essen!‹ Er war so aufgeräumt, dass ich schließlich fragte: ›Scho, ehrlich, hast du dich verlobt?‹ Als Antwort kam ein wildes Indianergeheul voll überquellender Freude. Und dann sagte er nur: ›Komm, Mensch, setz dich her, wir wollen essen.‹«

Und der andere Bericht lautet so: »Es ist Übungsstunde des Studentenchores. Johannes steht auf seinem Platz beim Bass. Da geht die Tür auf, und ein schlankes Mädchen kommt herein, geht zum Chorleiter und sagt: ›Guten Tag! Ich singe Alt.‹ Johannes aber flüstert seinem Kommilitonen zu: ›Die wird meine Frau.‹«

Und sie wurde es!

Es liegt ein Glanz über all den alten Briefen aus jener Zeit. Nur ein einziges Mal kommt ein Seufzen vor. Da hatte der jüngste Bruder Friedrich ihm aus Frankfurt berichtet: »Unsere Hausgenossen haben sich beschwert, dass bei uns so viel musiziert wird. So habe ich das Üben am Klavier aufgegeben …« Da antwortete Johannes: »Jetzt geht es dem Fritz also wie uns allen, dass unsere musikalische Ausbildung unvollkommen bleibt und ein Torso. Ach, was sind wir, wenn wir nicht mehr musizieren können! Ich freue mich schon auf den Gesang im ewigen Chor, wo keiner mehr den anderen stört, sondern alle in der gleichen Tonart singen. Wir wollen unsere Harfen schon recht dafür stimmen!«

Wenn man das liest, könnte man fast meinen, er sei musikalisch ein Stümper gewesen. Gewiss, er war kein Musiker! Aber unendlich musikalisch. Er hat kaum Geigenstunde gehabt und spielte doch herrlich auf diesem Instrument. Als er später eine große Familie hatte, wurden ein wundervoller Posaunenchor und ein Familienorchester gebildet, und es hat geklungen aus dem Pfarrhaus! 1928 bestand er sein erstes Examen.

ALS LEHRVIKAR IN BIELEFELD

So ein Lehrvikar ist ein armer Kerl. Oft kommt es vor, dass ihm die Arbeit eines ganzen Pfarramtes aufgeladen wird. Dabei ist er ein junger Mann, der die ersten tastenden Schritte in das verantwortungsvolle Amt des Pfarrers tut. Johannes Busch schreibt einmal: »Da merkt man erst, wie man in Wirklichkeit noch gar nichts kann, sondern von einer Ungeschicklichkeit in die andere stolpert. Ich glaube, es macht nichts so klein, als wenn man ernsthaft anfängt, das Evangelium zu verkündigen.«

Und so ein unsicherer junger Mann hat an manchen Sonntagen dreimal predigen müssen.

Dabei sorgte eigentlich niemand recht für ihn. Da war Johannes eine Zeit lang bei einem Pfarrer untergebracht. Als der in die Ferien fuhr, stand er gewissermaßen auf der Straße: »Wohnen kann ich ja weiter dort, aber ich muss mich selbst beköstigen. Dabei habe ich noch kein Gehalt bekommen. Wenn man dann keinen Pfennig besitzt, ist das alles etwas schwierig. Die letzten Tage lebte ich von dem Brot, das ich noch in der Speisekammer fand. Da kann man richtig verbittert werden. Ich habe zurzeit die Vertretung von drei verreisten Pfarrern. Morgen am Sonntag muss ich fünfmal sprechen, zwei Predigten, ein biblisches Referat bei einer Einweihung, Waldgottesdienst und Bibelstunde. Und dabei weiß ich tatsächlich nicht, wovon ich leben soll.«

Zu dieser Verbitterung aber kam es nicht. Denn gleich im nächsten Brief heißt es: »Am Sonntag durfte ich erfahren, dass es heute noch Manna regnet. Als ich von der Kirche heimkam, erschien die Tochter eines reichen Bauern, die natürlich nicht wusste, dass ich keinen Pfennig mehr hatte, und brachte Wurst und Eier. Da habe ich mir ein wundervolles Mahl bereitet.«

Wenn man aber dem Johannes gesagt hätte, dass er ein recht armer Kerl sei, dann hätte er wahrscheinlich gelacht. Dass er von allen Seiten Arbeit aufgepackt bekam und dass dabei kein Mensch recht fragte, ob er auch versorgt sei, das nahm er nicht allzu schwer. Einfach deshalb nicht, weil er eine unbändige Freude am Amt hatte. Er wäre unglücklich gewesen, wenn sein Leben nicht bis zum Rand ausgefüllt gewesen wäre.

Nun wollen wir ein paar Bilder aus jener Zeit aufblenden:

Es ist früher Morgen. In der Studierstube sitzt Pfarrer Q. mit seinem Lehrvikar. Zwischen ihnen liegt ein dicker Lutherband. Der Pfarrer ist ein großartiger Theologe und ein treuer Gemeindepfarrer, und Johannes ist von Herzen glücklich, einen so ausgezeichneten Vikarvater zu haben. »Ich bin dankbar«, schreibt er, »dass ich durch ihn eine solche vertiefende Weiterbildung erfahre. Wir lesen zusammen Luther. Da ist der Satz wie Gold, so zentral. Alles vom Kreuz her betrachtet, alles nur im Glauben erfasst. Und wie wundervoll sind dann die Aussprachen. Pfarrer Q. ist ein ungemein gelehrter und belesener Theologe.«

* * *

Rrr – rrr – rrr – rummeln die Trommeln. Dazu schrillen die Pfeifen. Durch den Sommerwald zieht ein Trommler- und Pfeiferchor. Die Spaziergänger bleiben neugierig stehen. Jetzt kommen die Posaunen. Schallend setzen sie ein: »Geh aus, mein Herz, und suche Freud, in dieser lieben Sommerzeit …« Dahinter trippeln Scharen von großen und kleinen Kindern. Ihnen folgen Jugendvereine mit Wimpeln. Und schließlich Männer und Frauen in aufgelöster Ordnung.

»Was ist los?«, fragt einer der Spaziergänger. Ein Mann wischt sich den Schweiß von der Stirn und ruft fröhlich: »Gemeindeausflug der Paulusgemeinde!«

Irgendwo an der Spitze bei den Posaunen läuft der junge Vikar. Er kommt eben von der Universität und fragt sich immer wieder: Hat solch ein christlicher Jahrmarkt einen positiven Wert? Aber ehe er zu einer Antwort kommt, ist man am Ziel. Und da soll er an zehn Stellen zugleich sein. Er soll dafür sorgen, dass die Alten in dem Waldcafé alle Platz finden. Er rafft ein paar Helfer zusammen, die an die Kinder Himbeersaft austeilen. Mit den Größeren arrangiert er Spiele.

Man spürt förmlich die lustige Verzweiflung, als er am Abend seiner Mutter schreibt: »Ich hatte am Morgen schon zweimal gepredigt. Mittags um zwei ging es los – bei der Bombenhitze. Und immerzu blasen! Ich dachte bei dem Marsch, ich packe es nicht mehr. Zur Preisverteilung hatte ich von einem Bäcker eine ganze Kiste Schokolade bekommen. Die wollte einfach nicht leer werden, obwohl ich mit vollen Händen austeilte. Da mussten immer wieder Spiele erfunden werden. Ein ganz einfaches fand den meisten Beifall: Die Jungen stellten sich in einer Reihe auf und mussten mich fangen. Wer mich bei der wilden Jagd als Erstes erwischte, wurde preisgekrönt. Da hat mich das geistliche wundervolle Schlusswort von Pastor H. herrlich erquickt.«

* * *

Ein großer Saal in einem Krankenhaus. Lachen und Schwatzen erfüllen den Raum. Die Tür geht auf, und der junge Lehrvikar kommt herein. Plötzlich ist es totenstill. Eisiges Schweigen. Eine dumpfe Ablehnung schlägt dem jungen Theologen entgegen. Das sind Augenblicke unendlicher Einsamkeit.

»Aber es ist dann doch etwas Feines«, schreibt Johannes, »wenn das Eis so langsam schmilzt und man allmählich zum Angriff übergehen kann.«

So geht er von Saal zu Saal. In einem Zimmer findet er einen alten Mann. Er ist vor einigen Tagen operiert worden und kann nur leise flüstern. Der junge Vikar setzt sich an sein Bett und sagt ihm ein Bibelwort. Da leuchten die Augen des Alten auf. Es entspinnt sich ein kurzes Gespräch, bei dem sich zwei Herzen finden. »Er war der Gebende, und ich war der Nehmende.« Als Johannes geht und schon an der Tür steht, nimmt der Kranke seine ganze Kraft zusammen und ruft ihm nach: »Sie sind noch jung und haben das Leben vor sich. Leben Sie es ganz zur Ehre Gottes.«

* * *

»Also hier ist unser Jugendamt«, sagt Pfarrer P. und öffnet die Tür zu einem großen Büroraum. Kassenbeamte sitzen eifrig über ihren Büchern. »Wir haben insgesamt 16 Angestellte«, erklärt Pfarrer P. Er öffnet immer neue Türen. »Hier ist unsere Wohlfahrtsstelle!« »Und hier ist unsere Wohnungsnot-Gemeinschaft.« »Hier ist die soziale Gerichtshilfe.« »Hier das Baubüro.«

Und dann kommt er an eine Tür, die das Schild trägt: »Abteilung Jungmännerarbeit«. »Hier, lieber Bruder Busch, werden Sie arbeiten!« Johannes stockt der Herzschlag. So ein vornehmes Büro! Der Pfarrbruder legt ihm die Hand auf die Schulter: »Sie werden selbstständig arbeiten. Ich möchte Ihnen nur ein paar Richtlinien skizzieren. Sie müssen mit allen Vereinen und Kreisen Beziehung aufnehmen. Seien Sie auf den Beinen, besuchen Sie die Vereine und Kreise. Und vor allem: Schenken Sie allen das Bewusstsein, dass sie in einer großen Gemeinschaft zusammengehören.« Dem Johannes schwindelt's ein wenig. Er ahnte damals noch nicht, dass genau diese Sätze einmal seine Aufgaben für einen viel weiteren Bereich als Bielefeld umreißen würden.

* * *

Von fast jeder Stelle Bielefelds aus sieht man die grünen Berge des Teutoburger Waldes. Jenseits der Berge liegt die Senne. Wo heute ungezählte Siedlungen sich ausbreiten, gab es damals nur Kiefern und Heide und große Einsamkeit.

Aber an einem wunderschönen Sommerabend herrscht da gewaltiges Leben. Hunderte von jungen Männern sammeln sich um einen riesigen Holzstoß. Als es Nacht geworden ist, lodern die Flammen empor. Sie beleuchten die jungen Gesichter, blitzende Posaunen, wehende Wimpel. Auf einmal steht auf einer kleinen Erhöhung der junge Vikar. Seine jugendliche Stimme übertönt das Prasseln der Flammen, als er seine Feuerrede hält über das Wort: »Selig der Knecht, den der Herr, so er kommt, wachend findet.«

Mitternacht ist vorüber, als die jungen Männer in ihre Zelte kriechen. In irgendeinem Zelt liegt auch Johannes. Er kann lange nicht einschlafen. Sein Herz klopft vor freudiger Erwartung. Morgen ist das große Sennetreffen, von dem der ältere Bruder ihm so viel erzählt hat, der ja auch einmal als Vikar in Bielefeld war.

Die Sonne ist über der Senne aufgegangen. Da strömt's von allen Seiten heran. Tausende und Tausende! Dem Johannes will fast das Herz springen vor Freude, dass er da mitsingen und mitblasen darf.

Am Abend zieht die Menge nach Bielefeld zurück. An der Spitze drei Burschen, die an langen Stangen Kreuzesfahnen tragen. Der ganze Zug ergießt sich auf den Marktplatz, wo sich schließlich viele Tausend Menschen versammeln. Still wird es über dem weiten Platz, während ein Redner ein Wort Gottes sagt. Und dann blitzen die Hörner auf. Wie eine gewaltige Orgel dröhnt es: »Nun danket alle Gott mit Herzen, Mund und Händen …«

Ehe wir diesen Zeitabschnitt beschließen, muss noch von einem kleinen Erlebnis erzählt werden, welches zeigt, mit welch großer innerer Freiheit und Klarheit der junge Vikar damals schon seinen Weg ging:

Irgendwo in Bielefeld war eine kleine Gemeinschaft. Weil es Johannes zu den Brüdern zog, ging er dorthin. Das war nun das einzige Mal, dass er in Konflikt mit seinem verehrten Lehrvater kam. Als Johannes dem erzählte: »Ich bin bei der Gemeinschaft gewesen«, schüttelte er den Kopf. Er war ein rechter, frommer Lutheraner, der sowohl in seiner pommerschen Heimat als auch in Bielefeld ein freundliches Verhältnis zu den Gemeinschaftsleuten hatte. Von diesem Kreis allerdings hatte er sich zurückgezogen, weil ihm der pharisäische Richtgeist nicht gefiel. Als Johannes ihm erzählte, dass er dort gesprochen habe, sagte der Pfarrer: »Das ist doch ein unsympathisches Christentum.«

»Ja«, sagte Johannes und senkte den Kopf. Die Szene in der Gemeinschaft stand vor ihm, wie die alten Brüder auf ihn eingeredet hatten: »Alle Pfarrer sind unbekehrt.« »In der Kirche ist ja gar keine Gebetsmacht mehr.« »Der Jugendsekretär weiß nichts von einem Leben aus Gott.« Johannes hat seiner Mutter von dieser unerquicklichen Stunde erzählt und geschrieben: »Man bekam ordentlich Heimweh nach den schönen schwäbischen Gemeinschaftsstunden, wo man wirklich etwas spürt von der Gemeinschaft der Heiligen, die nichts weiß von eigener Gerechtigkeit.« Da saß der junge Vikar nun vor dem Pfarrer. Und der sprach das aus, was er ja selber empfunden hatte. Schließlich fragte er: »Sie werden doch hoffentlich nicht mehr dorthin gehen?«

Da richtete sich Johannes auf und sagte nachdrücklich: »Doch! Diesen Leuten geht es mit Ernst um Gottes Wort. Sie wollen dem Herrn Jesus von ganzem Herzen gehören. Darum gehöre ich unter allen Umständen zu ihnen. Und ich bin überzeugt: Wenn wir diese ernsthaften Leute nicht verachten und kritisieren, sondern ihnen zeigen, dass wir ihre Brüder sein wollen, dann wird ihr Misstrauen gegen die Kirche schwinden, und die Kirche wird einen großen Gewinn davon haben.«

Johannes hatte sich gerade richtig in die Aufgaben eingelebt, da war seine Vikariatszeit zu Ende. Es war für ihn eine große Auszeichnung, dass er in das berühmte Predigerseminar nach Wittenberg geschickt wurde. Dort konnte er in der Stille seine ersten Amtseindrücke verarbeiten. Hier wurde noch einmal kräftig studiert. Die ernsthafte wissenschaftliche Tätigkeit in diesem ausgezeichneten Predigerseminar zog ihn mächtig in ihren Bann. Unerwartet erreichte ihn dort eines Tages ein Brief aus der Ruhrstadt Witten. Das Presbyterium schrieb, er möge doch einmal kommen und eine Gastpredigt halten. Da wurde es ihm doch ein wenig bange. Er war ja noch nicht ganz 25 Jahre alt. Aber es lockte ihn auch, solch ein interessantes Arbeitsfeld in einer Arbeiterstadt an der Ruhr zu übernehmen. So fuhr er in großer Spannung und Freude nach Witten. Als das Presbyterium die Predigt gehört hatte, gab es nur eine Stimme: »Den wählen wir!«

So hat Johannes seine Heimat gefunden. Bis zu seinem Tod blieb Witten sein Wohnsitz. Und an seinem Beerdigungstag wurde deutlich, in welch großer Liebe die Wittener Gemeinde ihm verbunden war.

WIDEYSTRASSE 4 IN WITTEN

Vor dem Hotel Vereinshaus in Essen fuhren am 10. Mai 1930 ein paar Autos vor, die Aufsehen erregten. Sie waren mit Blumen und Kirchenfähnchen geschmückt. Sofort sammelte sich eine kleine neugierige Menschenmenge. »Was gibt's hier?«, fragte einer einen Chauffeur. »Die Wittener holen ihren neuen Pfarrer ab«, antwortete der.

Aus den Wagen waren einige Herren in feierlichen Zylinderhüten ausgestiegen und in das Hotel hineingegangen.

Unter der zuschauenden Schar stand auch ich. Mein Herz war bewegt. Allerlei Bilder zogen an meinem Geist vorüber. Ich sah meinen Bruder noch einmal als vitalen Jungen. Ich erinnerte mich an Bilder aus seiner Studentenzeit. Und nun legte der junge Bruder ein Tempo vor, das staunenswert war: 25 Jahre war er erst alt. Gestern hatte er Hochzeit gefeiert. Es war für mich eine bewegende Stunde gewesen, als ich die Hand der jungen Frau Grete in die Hand meines Bruders legte. Und nun, am Tag nach der Hochzeit, fuhr er als neuer Pfarrer nach Witten.

Es ist wirklich ein wenig wunderlich. Das ganze Leben von Johannes war eine ständige Reiserei. Nur ausgerechnet zu der Reise, die jeder normale Bürger macht, zur Hochzeitsreise, kam er nicht. Damals setzte in seinem Leben jenes Tempo ein, bei dem er beständig um innere Stille kämpfen und ringen musste.

Die Menge vor dem Hotel Vereinshaus wollte sich gerade zerstreuen, als die Hotelpagen plötzlich die Türen weit aufrissen: Heraus schritt Johannes mit Zylinder, seine junge Frau am Arm. Hinter ihm die feierlichen Männer.

Im Vorübergehen flüstert er mir zu: »Morgen bekommst du ihn wieder.« Ich schaue etwas erstaunt meine Frau an. Die lächelt: »Er meint den Zylinder. Er hat sich gestern deinen geliehen.«

Da knallen auch schon die Autotüren zu. Der Zug setzt sich in Bewegung.

Nun geht's in flotter Fahrt nach Witten. An der Stadtgrenze steht das ganze Presbyterium, 36 Mann, würdig in Zylindern. Hinter ihnen weitere Autos mit Kirchenfahnen. Aus ihrer Mitte tritt der alte Pastor Deppe, eine sehr würdige und feine Erscheinung, und überreicht der jungen Frau Grete einen Blumenstrauß.

Wieder steigt man in die Wagen. Johannes ist ganz bleich geworden. Er beugte sich zu seiner Frau und sagte: »Wie viel erwarten diese Leute von uns! Da kommt man sich doch recht kümmerlich vor mit seinen 25 Jahren.« Aber schnell schüttelt er die Sorgen ab. Er weiß, dass er einen Auftrag und eine Botschaft hat. Und nun genießt er die wundervolle Fahrt: Die Autoschlange fährt zuerst in einem großen Bogen am Ruhrufer um die Stadt herum. Es ist ja Mai. In den Gärten blüht es unbeschreiblich schön. Frau Grete hat später oft gesagt: »So schön wie im Mai 1930 haben sie nie mehr geblüht.« Die Karawane biegt in die Stadt ein. Alle Glocken auf den mit Fahnen geschmückten Kirchtürmen beginnen zu läuten. Einmal fährt die Kolonne um die Hauptkirche herum. Am neuen Pfarrhaus geht es vorbei zum Gemeindehaus.

Dem jungen Pfarrer schlug das Herz: Er sah eine große Menschenmenge. Links hatte sich der BK (Bibelkreis für höhere Schüler) aufgestellt. Auf der rechten Seite standen die CVJMler Spalier. Jubelnd setzten die Posaunen ein: »Sollt' ich meinem Gott nicht singen? Sollt' ich ihm nicht dankbar sein?« Ja, die Wittener verstanden es, einen neuen Pfarrer zu begrüßen.

In den nächsten Tagen ging es durch mancherlei Feiern. Der Höhepunkt war in der großen, voll besetzten Kirche am Sonntag die Ordination und Einführung. Mir zitterte das Herz, als ich Johannes auf die Kanzel steigen sah. Ich fragte mich doch, ob der jüngere Bruder dieser Stunde ganz gewachsen sei. Aber dann fiel alle Furcht ab, als er den Text vorlas: »Du wollest dich aufmachen und über Zion erbarmen; denn es ist Zeit, dass du ihr gnädig seist, und die Stunde ist gekommen. Denn seine Knechte wollten gerne, dass sie gebaut würde, und sahen gerne, dass ihre Steine und Kalk zugerichtet würden, dass die Heiden den Namen des Herrn fürchten und alle Könige auf Erden deine Ehre, dass der Herr Zion baut und erscheint in seiner Ehre«, Psalm 102, Vers 14 und folgende Verse. Das wurde eine ganz große Stunde, in der die Gemeinde begriff, dass sie einen jungen Mann gewählt hatte, der eine Botschaft hatte. Wer nun bis hierher gelesen hat, denkt sicher, die Geschichte müsse so weitergehen: »Nach diesen Festtagen aber begann der Alltag …« So aber war es gerade nicht. Diese ersten Jahre der Gemeindearbeit in Witten waren wie ein großes Fest. Das Haus in der Wideystraße wurde ein Mittelpunkt des Gemeindelebens. Da sang im Garten ein BK-Kreis. Im Wohnzimmer fand sich der große Helferkreis des Kindergottesdienstes zusammen. Da erschienen Freunde und Mitarbeiter. Da kamen Ratsuchende. Da versammelten sich die Bezirksfrauen. Es war »ein richtiges Gemeindepfarrhaus, geöffnet für alle, – ein Pfarrhaus, in dem die Freude wohnte, in die jeder mit hineingenommen wurde, der das Haus betrat, – ein Pfarrhaus, in dem alle Anliegen zum Gebet wurden«, schrieb die Gemeindeschwester im Rückblick auf jene Zeit. Damals geschah es, dass Johannes einmal in einer anderen Stadt an einer Pfarrkonferenz teilnahm. Da wurde diskutiert über »die Mitarbeit der Laien in der Kirche«. Er erschrak, als diese Pfarrer in wunderschöner Einmütigkeit erklärten: Laienarbeit kann nur zugelassen werden unter der bestimmenden Aufsicht und Leitung der Pfarrer. Da konnte er nicht mehr an sich halten. Er meldete sich zu Wort und führte aus: Solch eine Auffassung kann man wohl in der katholischen Kirche vertreten. In der evangelischen Kirche aber soll der Pfarrer Bruder unter Brüdern sein. Das gab eine heiße Redeschlacht. Und ein Superintendent erklärte zum Schluss lächelnd: »Ich bin dem Bruder Busch sehr dankbar für seine belebende Mitarbeit auf dieser Konferenz. Aber ich bin doch sehr froh, dass er nicht in meiner Synode ist.«

In dieser Sache hat Johannes von Anfang an eine klare Linie vertreten. So kam es, dass sich in Witten schon bald selbstständige und reife Christenleute um ihn sammelten und fröhlich mit eintraten in die Arbeit. »Es wird jeden Tag schöner in meiner Arbeit«, schrieb der junge Pfarrer an seine Mutter.

Mit Feuereifer ging er an die Missionsarbeit. Jeden Morgen unternahm er Hausbesuche. Er erzählt davon: »Herrlich, all die vielen Erfahrungen, die man da machen kann. Ich habe einen schrecklich armen Bezirk. Vor drei Jahren standen da in der Gegend noch drei Zechen und ein Kruppsches Werk. Die vier Betriebe, welche Tausende von Arbeitern beschäftigten, sind jetzt geschlossen. Das Riesenstahlwerk und die anderen kleinen Betriebe arbeiten noch, haben aber viele Feierschichten. Was hinter alldem für ungeheure Not steht, ist ja nicht auszudrücken. Wenn Männer Monate und Jahre hindurch überhaupt nicht mehr arbeiten können, müssen sie ja verzweifeln und verkommen. Den einen Vorteil hat die Sache: Man trifft bei den Hausbesuchen meistens auch die Männer an. Da kommen wir dann oft in gewaltige Gespräche.«

Solch eine Sämannsarbeit ist Saat auf Hoffnung. Aber Johannes durfte doch je und dann auch Frucht sehen. Da erschien eines Tages in der Bibelstunde ein Mann, der ihn einmal bei einem Hausbesuch angebrüllt hatte: »Ich bin klassenbewusster Arbeiter. Ich dulde keinen Pfaffen in meiner Stube. Wenn Sie nicht sofort verschwinden, werde ich Sie die Treppe hinunterkegeln!« Johannes nahm solche Ausbrüche nicht übel, und so kam es schließlich doch zu einem Gespräch, bei dem Johannes das Evangelium bezeugen konnte. Der Mann erwiderte daraufhin kein Wort und hörte sich das Zeugnis nur mit finsterem Gesicht an. Bedrückt ging Johannes fort und war überzeugt, dass alles vergeblich gewesen sei.

Kurze Zeit nachher erkrankte die Frau dieses Mannes. Der Arzt im Krankenhaus sagte dem Mann, der seine Frau sehr liebte: »Sie wird die kommende Nacht nicht mehr überleben.« Mit schwerem Herzen ging der Mann nach Hause. In seiner Not fiel ihm das Gespräch mit dem jungen Pfarrer ein. Nach der Bibelstunde hat er Johannes selbst erzählt, wie es weiterging: »Ich bin in meine Wohnung gegangen, bin auf meine Knie gefallen und habe gebetet. Denn ich sagte mir: Wenn das stimmt, was der Pfarrer gesagt hat, dann kann jetzt nur Gott helfen. Und denken Sie: Gott hat geholfen! Heute Morgen komme ich ins Krankenhaus. Da sagt der Arzt: ›Ich kann es nicht verstehen, aber Ihre Frau ist auf dem Wege der Besserung.‹«

So geschahen da und dort Einbrüche in die finstere Front des Freidenkertums. Das machte dem jungen Pfarrer Mut, eine Kampfwoche zu veranstalten. Im Versammlungslokal der Kommunisten ließ er einen Evangelisten sprechen. Hinterher freie Aussprache. Als Frau Grete mitgehen wollte, riet ihr Mann ihr ab: »Bleib du lieber zu Hause. Es ist schrecklich aufregend, wenn die Zwischenrufe prasseln oder die Menge aufbrüllt. Manchmal greift die Schupo ein, wenn es gar zu wild hergeht. Nein, bleib du lieber zu Hause!«

In einem Brief an die Mutter schildert Johannes diese Arbeit.

»Die Arbeit hier in Witten steht in ganz besonderer Weise im Zeichen unserer schweren Zeit. Witten steht, was die Zahl der Arbeitslosen anbelangt, an zweiter Stelle in ganz Preußen. Die zersetzende Wühlarbeit der Gottlosen wird erschreckend deutlich. Und auch die Treuen, die sich nicht mitreißen lassen, werden unter dem furchtbaren Druck der Arbeitslosigkeit erbittert. So ist die Seelsorge in meinem Bezirk kein leichtes Ding. Die Hausbesuche, die ja vielleicht gegenwärtig das Wichtigste unseres Dienstes sind, sind oft wahre Kämpfe, bei denen man wohl müde werden möchte. Und doch ist es mir immer wieder wunderbar, wie Gott selbst in dieser Zeit geöffnete Herzen gibt. In all der großen Erbitterung haben sie doch alle große Sehnsucht nach dem Evangelium, und die kommende Zeit wird es vielleicht immer mehr deutlich machen, dass wir es den Gottlosen danken können, dass sie im Proletariat die Frage um Gott wieder ganz neu lebendig gemacht haben. Ich habe immer mehr das Gefühl, dass diese Leute mit ihrem flammenden Hass gegen Gott Gott viel ernster nehmen als unsere durchschnittliche bürgerliche Welt in ihrer wohlwollenden Neutralität gegen Gott. Wir dürfen doch gerade im lodernsten Kampf der Gottlosen Entscheidungen für Gott erleben, die wirklich glaubensstärkend sind.

Die meiste Sorge macht mir hier im Industriegebiet unsere Jugend. Ich komme in der ganzen Umgegend viel in die Jungmännervereine. Und überall zeigt sich das gleiche Bild: junge Kerle, die völlig daran zugrunde gehen, dass sie schon Monate und Jahre überhaupt nicht mehr gearbeitet haben. Die seelische Not der Erwerbslosigkeit macht sich wohl am deutlichsten bei den jungen Kerlen bemerkbar. Tag um Tag gar nichts zu tun haben, nur auf der Straße herumstehen, ohne Anregung, ohne Betätigung, ohne gesunden Verbrauch der jugendlichen Kraft – das führt ja unabwendbar zur Verrottung. Das ist auch gegenwärtig *das* Problem unserer Jugendarbeit. Wir planen allerlei für den kommenden Winter, Kurse, Lehrgänge, Freizeiten, freiwilligen Arbeitsdienst in unserem Landheim. Das macht große Freude, wenn unser Dienst in so besondere Nöte hineingestellt werden kann und man dann sehen kann, wie alles, was man hierfür tut, mit großem Verlangen von den jungen Leuten aufgenommen wird, wenn es auch schmerzlich bleibt, dass jede Hilfe bei solcher Volksnot immer nur ein Tropfen auf den heißen Stein bleibt.«

Ein andermal schildert er eine Beerdigung: »Am Mittwoch hatte ich eine sehr schwierige Beerdigung. Ein Dissident war gestorben. Ich ging trotzdem mit. So konnte ich vor einer Riesenvolksmenge, die aus radikalstem Volk bestand, evangelisieren. Die Leute passten so mäuschenstill und gespannt auf, dass ich trotz der mörderischen Hitze fast eine halbe Stunde sprechen konnte. Ich bin dankbar, dass es so gesegnet war. Vorher hatte ich schreckliche Angst vor der Sache …« Der Brief geht dann weiter und zeigt etwas von der Fülle seines reichen Lebens: »Dann zurück zum BK, wo ich eine Bibelstunde hielt, und anschließend hatte ich noch eine Bibelstunde bei den Pfadfindern. Am Donnerstag war ich mit vielen Leuten aus meiner Gemeinde bei der Tersteegensruh-Konferenz in Essen. Herrlich! Das müsstet Ihr mitmachen! Eine Konferenz von ganz seltener geistlicher Höhe! Tausende von Menschen! Zum Abschluss sang man stehend das Herrlichkeitslied. Es war unfasslich schön, wie das jubilierte: ›Das wird allein Herrlichkeit sein, wenn frei von Weh ich sein Angesicht seh …‹ – ›Himmelan wallt neben dir alles Volk des

Herrn‹, musste ich dankbar bewegt denken. Den Abend verbrachte ich bei Bruder Wilhelm. Wir hatten uns so unheimlich viel zu erzählen.«

Es war eine reiche Zeit, diese ersten Amtsjahre in Witten. Leicht war sie nicht. Es lag viel auf dem jungen Pfarrer. Da genoss er es mit großer Dankbarkeit, dass sein Haus für ihn eine beständige Quelle neuer Kraft wurde.

Frau Grete verstand es, einen fröhlichen Geist in diesem Haus zu verbreiten. Als sie heiratete, hatte die Schwiegermutter zu ihr gesagt: »Dein Mann ist ein wilder Arbeiter. Du darfst ihn nie bremsen, nur pflegen.« Das war ein guter Rat. Frau Grete wurde eine rechte Arbeitskameradin. Sie hielt Schritt mit Johannes. Und wo sie nicht dabei sein konnte, ging sie in die Stille und betete.

Das Haus Wideystraße 4 lag mitten in der Stadt hinter dem Rathaus und doch in einem so stillen Winkel, dass der Lärm der Großstadt nicht hindrang. Von allen Seiten war es von einem Garten umgeben, den die beiden mit Liebe pflegten. Der Großvater Busch war ja eine Zeit lang Gärtner gewesen. Bei Johannes kam offenbar das Gärtnerblut immer wieder zum Vorschein. In frühester Morgenstunde, ehe die Tagesarbeit begann, machte er sich im Garten zu schaffen. Als Bundeswart hat er später von mancherlei Reisen oft junge Bäumchen und seltene Pflanzen mitgebracht.

Wie groß aber war erst die Freude, als im Sommer 1932 das erste Kind geboren wurde! Man nannte es nach dem Vater »Johannes«. Da hat der Gärtnerpfarrer ein Pflänzlein bekommen, dem er seine ganze Liebe schenkte. Die junge Mutter hat oft lachend erzählt, wie er die Fläschchen warm machte und sich um den kleinen Kerl kümmerte wie eine geübte Kinderpflegerin. Das Haus in der Wideystraße 4 war in jeder Hinsicht ein »Haus an der Sonne«.

Draußen aber vor den Toren des glücklichen Pfarrhauses stieg die Not immer höher. Die Arbeitslosigkeit wurde immer schrecklicher. Eine Regierung löste die andere ab. Nationalsozialisten und Kommunisten schlugen sich in Sälen und auf den Straßen. Eine ungeheure Verwirrung auf wirtschaftlichem und politischem Gebiet! Das alles bahnte Hitler den Weg zur Macht.

KIRCHENKAMPF IN WITTEN

Hitler wollte den totalen Staat. Damit wurde die Kirche vor die Frage gestellt, wen sie als ihren Herrn anerkennen wolle: den Herrn Jesus Christus oder menschliche Größen. Das führte zu einem gewaltigen Konflikt, der unter dem Namen »Kirchenkampf« in die Geschichte eingegangen ist.

Die staatliche Partei hatte eine Kirchenbewegung ins Leben gerufen, die sich »Deutsche Christen« (DC) nannte. Im November 1933 wurden Kirchenwahlen ausgeschrieben. Mit allen Mitteln, mit Presse, Drohung und Gewalt, versuchten die Deutschen Christen, das Heft in die Hand zu bekommen. Schon im Jahre 1933 aber hatte sich in der Kirche eine Gegenbewegung gebildet, die »Bekennende Kirche« (BK). Diese BK war ohne staatlichen Schutz, ohne den Beistand der Presse, ohne menschliche Hilfe. Aber es war wie eine Erweckungsbewegung. Man sang neue Lieder. Man lernte glauben. Man wagte es wieder, zu bekennen.

In Witten war eine kirchliche Wahlversammlung. Darüber berichtet Frau Grete an die Mutter in Hülben: »Es ist schrecklich. Ich zittere und flehe den ganzen Abend lang für meinen lieben Mann und für seinen Bruder Wilhelm, der heute Abend hier spricht über das Thema: ›Klare Entscheidung.‹ Gott kann uns reichen Segen aus diesen Tagen schenken. Heute wollen die Nazis die Versammlung sprengen. Es ist zum Weinen, wie die Leute geradezu besessen sind von Begeisterung für Hitler. Gestern Abend schluchzten wahrhaftig Frauen laut, als der Redner sagte … Liebe Mama, verzeihe mir's, dass der Brief liegen blieb, aber an jenem Abend war ich zu aufgeregt, und ich fing den Brief an aus dem Gefühl: Wenn du doch jetzt mit Mama sprechen könntest oder sie wäre hier und könnte sehen und hören und mit uns tragen, dann wäre es schon viel besser. Nun sind die Wahlen längst vorbei. Wir, d.h. die ›Freunde des alten Glaubens‹[7], bekamen 36 Sitze, die Deutschen Christen 16, die Liberalen 5. Ich schrieb oben, das war vor der letzten Versammlung, dass ich für Wilhelm und meinen lieben Johannes zittere, aber dass wir *so* zittern müssten, das glaubte ich nicht. Emmi und ich flehten für jeden Satz, den Wilhelm sagte, und man darf wohl sagen, Gott hörte und schenkte W. die Waffenrüstung, die er für den Abend brauchte, seinen Geist. Und doch war's, als wäre die Hölle los. Mir ist an dem Abend klar geworden, was und wie schrecklich des ›Teufels Gewalt‹ ist. Manche Sätze hörten sie sich mit erstaunlicher Ruhe an: ›Ihr müsst euch bekehren zum lebendigen Gott. Hast *du* den Heiland?‹ u.a. Aber dann war es auch wieder, als stünde der Teufel mit der Peitsche dahinter, dass sie schreien mussten. Obwohl der Abend so erschütternd war – Johannes hob die Versammlung auf, konnte noch fünf Minuten bei Totenstille Evangelium sagen –, an dem Abend sind manche Leute erwacht, wir dürfen's schon spüren. Vielleicht, dass Gott uns Gnadenzeit schenkt und Erweckung gibt. –

Unser Bibelstündchen! – Ja, Mama, da musst Du eigentlich dabei sein und Dich mit hineindrängen in einen überfüllten Klassenraum und schließlich auf dem erhöhten Tritt beim Lehrerpult landen. Punkt 8 Uhr Anfang, Punkt 8.45 Uhr Schluss. 150 Leute, Männer und Frauen, die ganz still zuhören, manche mit schlafenden Kindern auf dem Schoß. Johannes legt den Philipperbrief aus. Letzten Dienstag war das Zimmer

7 »Die Freunde des alten Glaubens« war eine im Wittener Kirchenkampf bedeutsame Gruppe entschiedener Christen.

wirklich zu eng. Denk Dir, in einem Klassenraum 235 Menschen, außer denen, die auf dem Flur standen. Wir richteten eine zweite Bibelstunde ein, um 6 und um 8 Uhr. Wenn weniger Leute kommen, soll unsere 6-Uhr-Stunde ausfallen. Aber ich denke, unsere lieben Alten kommen gern früher.«

Die gewalttätige Kirchenleitung hatte bald herausbekommen, dass Busch das Herz des Widerstandes in Witten war. So teilte sie ihm im April 1934 mit, er sei nach Windheim bei Minden versetzt. Sofort trat das Wittener Presbyterium zusammen und beschloss: »Zu der beabsichtigten Versetzung unseres Pfarrers Busch erklärt das Presbyterium: Die Gemeinde hat Pfarrer Busch gewählt und will ihn behalten. Das Presbyterium lehnt deshalb die Versetzung ab. Pfarrer Busch bleibt Pfarrer der Gemeinde. Das Presbyterium bittet ihn, seinen Dienst in der Gemeinde weiter zu tun. Ein Gegenantrag der ›Deutschen Christen‹ wird abgelehnt.«

Damit war ein Sturm entfesselt. Es liegt ein Brief von Johannes vom 8. April vor, in dem er aus jenen Kampftagen berichtet:

Witten, 8.4.1934

Ihr Lieben!

Wir durchleben hier eine einzigartige Zeit. Wir können nicht anders, es ist uns fast, als ständen wir im Anfang einer ganz großen Erweckungsbewegung. Wir haben nur zu danken über dem, was allerorten geschieht. »Unter Leiden prägt der Meister in die Herzen, in die Geister sein allgeltend Bildnis ein.« Unsere Versammlungen sind wie Gottesdienste, ein Fragen und Suchen, ein Leiden und Standhalten hat bei vielen begonnen, wie wir es nie geglaubt hätten. Gott weiß, warum er seine Kirche in solche Schule nehmen musste. Ich muss oft an das Wort von Papa denken, das er nach dem Tod

Theoleins an seine Mutter schrieb; dass es sein Anliegen sei, dass ihm der volle Segen der Trübsal zuteilwerde.

Die Dinge liegen so, dass unsere Bekenntnissynode sich immer mehr durchsetzt. Etwa 150 westfälische Presbyterien haben sich durch ordnungsmäßigen Beschluss der Bekenntnissynode unterstellt. Die einzige Antwort des derzeitigen Kirchenregiments war Gewaltanwendung. Aber wir spüren, wie solche Gewalt in kirchlichen Dingen sich selbst in den Abgrund reitet. In dieser Woche sind drei große Pfarrerversammlungen gewesen, eine im Ravensberger Land, eine hier im Industriegebiet und eine im Siegerland. Die Versammlungen waren voll tiefem Ernst, aber auch voll großer Entschlossenheit. Weit über 500 Pfarrer haben sich der Bekenntnissynode unterstellt. Bischof Adler hat nun beschlossen, das Predigerseminar aufzulösen, um dann die jungen Kerle an die Stellen von widerspenstigen Pastoren zu setzen. Da kamen die jungen Vikare und Hilfsprediger zusammen, und etwa 90 Prozent haben sich ebenfalls der Bekenntnissynode unterstellt mit dem festen Willen, keine Pfarrstelle zu beziehen, von der ein anderer Pfarrer diszipliniert worden ist. Das ist ja für die jungen Leute ein ungeheurer Entschluss, da sie noch keine Gemeinden hinter sich haben. Mit tiefer Bewegung erzählte Pastor Lücking, wie hinterher einige zu ihm gekommen sind, die sagten, sie hätten keine Heimat mehr, ob sie im Falle einer Streichung von der Kandidatenliste wenigstens irgendwo ein Dach über den Kopf bekämen.

Es muss ja immer wieder gesagt werden, dass wir nicht daran denken, aus der Kirche auszutreten, solange das irgendwie noch angeht. Ich habe das gestern Abend meinen Männern so gesagt: Wenn deine Mutter krank und entstellt wird, dann verlässt du sie nicht und suchst dir eine schönere, sondern pflegst sie mit doppelter Liebe. So geht es uns der Kirche gegenüber. Wir haben sie jetzt doppelt lieb, wo sie unter die Räuber gefallen ist und wo wir um sie ringen müssen.

Nun zu meinen persönlichen Erlebnissen. Am Mittwochabend fasste unser Presbyterium drei wichtige Beschlüsse, ordnungsmäßig mit Stimmenmehrheit: 1. Pastor Busch wird gebeten, sein Amt wieder zu verrichten, da die Strafversetzung unrechtmäßig ist. 2. Presbyterium unterstellt sich der Bekenntnissynode und sieht in Präses Koch die rechtmäßige Leitung der westfälischen Kirche. 3. Am Donnerstag findet ein Bekenntnisgottesdienst in der Gedächtniskirche statt, bei dem Präses Koch sprechen soll. Man spürte schon, dass bei den Deutschen Christen Gewitterstimmung vorherrschte. Am nächsten Tag waren wir vier Pfarrer zu der Pfarrerversammlung nach Dortmund gefahren. Das war eine überwältigende Versammlung. Fast 300 Pfarrer waren zugegen. Die ganze Versammlung war getragen von einem wunderbaren Geist, es war so, als würden Missionare ausgesandt. Der alte Traugott Hahn war auch da und machte mit Freuden mit. Die Gegenwart dieses geistlichen Vaters war erhebend. Er sagte so fröhlich und so ernst das Wort, das er uns im Kampf schon so oft zugerufen hat: »Verflucht ist der Mann, der sich auf Menschen verlässt und hält Fleisch für seinen Arm und mit seinem Herzen vom Herrn weicht. Der wird sein wie die Heide in der Wüste und wird nicht sehen den zukünftigen Trost, sondern wird bleiben in der Dürre, in der Wüste, in einem unfruchtbaren Lande, da niemand wohnt. Gesegnet aber ist der Mann, der sich auf den Herrn verlässt und dessen Zuversicht der Herr ist. Der ist wie ein Baum, am Wasser gepflanzt und am Bach gewurzelt. Denn obgleich eine Hitze kommt, fürchtet er sich doch nicht, wenn ein dürres Jahr kommt, sondern er bringt ohne Aufhören Früchte.« Wirklich ein Wort, das uns allen guttut.

Während der Versammlung wurde ich von Witten aus angerufen, in der Stadt würden Flugblätter verteilt, das Presbyterium sei aufgelöst und der Bekenntnisgottesdienst sei verboten. Wir fuhren dann mit dem Auto nach Witten, Präses Koch, der am Abend reden sollte, fuhr gleich mit. Gegen halb acht abends kamen wir hier an. Grete, die natürlich viel Aufregung hatte mitmachen müssen, stand schon vor der Tür. Aber nun hatte sich Wunderbares begeben. Es war eine Riesenmenge doch zur Kirche gekommen, ganz vorsichtig geschätzt werden es gegen 3000 gewesen sein, viele meinen, es seien noch mehr gewesen. Die Kirche war zugeschlossen, die Schlüssel beschlagnahmt, die Kirche selbst von SS-Mannschaften umstellt. Die Menge blieb nun einfach stehen, rebellierte nicht, sondern begann einfach zu singen. So etwas haben wir in Witten noch nicht erlebt. Das lässt sich mit Worten auch gar nicht beschreiben, diese Riesenmenge, die einfach nur unsere Glaubenslieder singt. Als wir vorfuhren, sangen sie gerade »Harre, meine Seele«. Ich konnte meiner Bewegung kaum Herr werden, als diese 3000 in die Dämmerung so wuchtig hinaussangen: »Größer als der Helfer ist die Not ja nicht.«

Lied um Lied erklang in den Abend hinein. Schließlich ging ich dann hinaus, holte mir bei dem Führer der SS-Abteilung die Erlaubnis, reden zu dürfen, der Mann war ganz glücklich, dass ich das tun wollte; mit einer tobenden Kommunistenmenge wäre er leicht fertiggeworden, aber diese disziplinierte Schar, die ruhig blieb und einfach nur sang, die war ihm unheimlich. Ich sagte dann einfach nur: »Die Kirche ist uns verschlossen. Wir sind keine Rebellen und beweisen es, indem wir still nach Hause gehen. Wir beugen uns unter die richtende Hand Gottes, indem wir zusammen das Vaterunser beten.« Und dann schwoll es an wie Meeresbrausen, als hier die versammelte Gemeinde vor ihrem verschlossenen Gotteshaus anfing, das Gebet des Heilands zu sprechen. Meine Männer erzählten mir, dass selbst die Schupo-Leute, die inzwischen aufgerückt waren, so ergriffen waren, dass sie laut mitbeteten. Ich sagte dann: »Ich entlasse euch mit dem Wort unseres Herrn: ›Fürchte dich nicht, ich bin mit dir, weiche nicht, denn ich bin dein Gott, ich stärke dich, ich helfe dir auch, ich erhalte dich durch die rechte Hand meiner Gerechtigkeit‹«, und sprach dann noch den Segen über die Gemeinde. Spontan erklang es aus der Menge, die als Antwort sang, ohne dass ich es angegeben hatte, »Aus tiefer Not schrei ich zu dir«.

Ach, davon sollte man eigentlich gar nicht schreiben, man muss es miterlebt haben, wie da meine armen Erwerbslosen sangen: »Und ob es währt bis in die Nacht und wieder an den Morgen, doch soll mein Herz an Gottes Macht verzweifeln nicht noch sorgen.« Diese Feier vor der verschlossenen Kirche war jedenfalls in ihrer Wirkung gewaltiger als viele andere Gottesdienste. Die Menge zog dann noch vor mein Haus und sang mir das Lied »Jesu, geh voran«. Ich ging dann ins Haus hinein, einige drängten nach, um mir noch die Hand zu geben; und eh wir uns versahen, ich weiß nicht, wie das so rasch ging, war das ganze Haus voll Menschen. Hier unten alle Zimmer, im Flur bis draußen hin, die Treppe hinauf, Kopf an Kopf. Präses Koch sprach dann noch herrlich: »Er stellte es aber dem anheim, der da recht richtet«, und schloss mit dem eindrücklichen Satz: »Das ist eine gewisse Sache, dass eine singende und betende Gemeinde endlich doch eine siegende Gemeinde wird.«

Wie das nun alles weitergehen wird, wissen wir nicht. Meine Absetzung ist bis zur Stunde noch nicht da. Aber wir sind noch auf manche Gewaltmaßnahme gefasst. Das wird ja noch einige Zeit dauern, bis sich schließlich solche Gewalt in kirchlichen Dingen an sich selber totlaufen wird.

Am Sonntag war ich predigtfrei, sodass da nichts geschehen konnte. Nur im Kindergottesdienst befürchtete ich, man werde mich, da ich ja doch nach Ansicht der derzeitigen Kirchenleitung seit dem 5. hier nicht mehr Pfarrer bin, an der Ausübung hindern. Ohne meine Veranlassung waren meine Männer in dem Kindergottesdienst erschienen. Bei der Gruppenbesprechung machte ich dann eine Erwachsenengruppe auf, was den Leuten viel Freude machte.

In B., einem Ort hier in der Nähe, wo der Pfarrer auch strafversetzt, aber in der Gemeinde verblieben ist, hatten die »Deutschen Christen« aus Todesangst, der Pfarrer könne predigen, die Kirche durch den Gerichtsvollzieher versiegeln lassen, sodass nicht geläutet wurde und kein Gottesdienst darin stattfinden konnte. Gerade hier wird mir so die richtende Hand Gottes deutlich. B. war ein völlig toter Platz mit schlechtem Kirchenbesuch. Jetzt wird ihnen die Kirche versiegelt. Der Pfarrer versammelte eine sehr große Gemeinde in einem Wirtshaussaal zu einem Buß- und Bekenntnisgottesdienst, der ganz ergreifend gewesen sein muss.

Am Freitag früh fuhr ich mit Präses Koch nach Siegen, wo wir zusammen zu reden hatten. Die Reise mit dem feinen Mann war mir überaus wertvoll. In Siegen selbst war es famos. Nachmittags die schon oben erwähnte Pfarrerversammlung, Stimmung eisern. Abends in den zwei größten Sälen, die beide überfüllt waren, Bekenntnisversammlungen. Präses Koch sprach über »Dienst wider Gewalt« und ich über das Thema »Wahrheit wider Irrlehre«. Mein Thema hat mir große Freude gemacht, bei den Siegerländern ist so viel geistliches Kapital, die verstehen etwas davon, was Irrlehre heißt. Die Anteilnahme war ungeheuer. Ich hatte den Eindruck: Wenn das Siegerland einmal aufsteht, dann steht es aber gleich richtig auf.

Aber unter all dem gewaltigen Erleben war uns ein kleines Erlebnis das schönste. Am nächsten Morgen fuhren wir, Präses Koch und ich, wieder zurück. In dem Abteil des D-Zugs saß in der Ecke ein älterer Herr still für sich. Als wir nun anfingen, uns leise über kirchliche Dinge zu unterhalten, zog der Mann plötzlich seine Bibel heraus und las darin. Als ihn der Präses ansprach, sagte der Mann, wir sollten entschuldigen, dass er hier angefangen habe, die Bibel zu lesen, er habe nur sehen wollen, ob wir Fleisch von seinem Fleisch seien. Im Lauf der Unterhaltung erzählte der Mann, er sei ein alter Lehrer aus der Gegend von Haiger, er habe schwere Zeiten mitgemacht, ganz einsam und allein habe er gegen die Deutschen Christen gekämpft, alle seien eilig dazu übergetreten, auch der Pfarrer, ihm habe man einfach gesagt: Du bist zu alt, du verstehst die neue Zeit nicht mehr. Und jetzt gehe es wie ein Erwachen durch die Gemeinde: Alle, auch die Pfarrer, träten wieder aus bei den DC, alles sei ganz ratlos, was jetzt zu tun sei. Da hätte er sich aufgemacht, mal in Westfalen zu hören, was eigentlich los sei. Und der Mann musste ausgerechnet mit uns in ein Abteil geraten. Präses Koch schenkte ihm dann das Heftchen »Bekennende Gemeinde im Kampf«, das ich Euch auch schickte, da habe er alles beieinander. Der Mann blätterte es dankbar durch und sagte so vor sich hin: »Ach, da ist ja auch die Rede vom Präses Koch. Das ist ein Mann, ein Glaubenszeuge, da können wir Gott nicht genug danken, dass wir den jetzt haben, wenn ich den doch mal kennenlernen dürfte, da würde ich meinem Gott dankbar sein.« Ihr könnt Euch denken, wie es uns zumute war. Schließlich sagte ich ihm, der ihm das Heftchen geschenkt habe, das sei Präses Koch. Ihr hättet das verklärte Gesicht sehen sollen: »Jetzt sehe ich, dass Gott Gnade zu meiner Reise gegeben hat.« Und als er dann noch durch den Präses hörte, dass ich der Sohn von dem Frankfurter Pastor Busch sei, war seine Freude groß. Wie ein Verhungerter fragte er uns aus nach allen möglichen Dingen, und die dreistündige Fahrt war ihm viel zu kurz, um alles zu hören. Das Erlebnis war mir so wichtig, weil wir so greifbar in allem Schweren erleben dürfen, was die Jünger im Seesturm erleben durften: »Seid getrost, ich bin's, fürchtet euch nicht.«

Wir sind überhaupt sehr voll Freude und Dankbarkeit, wenn natürlich auch die Nerven oft zum Platzen angespannt sind und Anfechtungen einem nicht erspart bleiben. Ich freue mich, dass Grete so fröhlich mitgeht und alles so treu mitträgt. Sie nimmt mir eine der aufreibendsten Arbeiten ab. Die Haustür steht kaum still, immer kommen Leute, die ihre Teilnahme ausdrücken wollen usw. Die unterhält dann Grete stundenlang mit nicht enden wollender Treue und ist natürlich jeden Abend völlig erledigt von dem Vielerlei, aber fröhlich über all dem Schönen. –

So weit der Brief von Johannes vom 8. 4. 1934.

Es folgte jetzt ein Vierteljahr voll unerhörter Schikanen: Hausdurchsuchungen, Verhöre, Redeverbote da und dort, Störung von Versammlungen. Eines Tages wurde Johannes verhaftet und nach Bochum ins Gefängnis gebracht. Die Haft dauerte nur ein paar Tage. Aber sie wurde für ihn sehr qualvoll, weil er sich in dem unsauberen Gefängnis eine Entzündung an den Händen zuzog, die mit viel Schmerzen verbunden war. Und doch wurden gerade diese wenigen Tage zu einer besonders reichen Zeit:

Eines Tages öffnete sich die eiserne Tür, und einer von den Wachmännern kam herein. Vorsichtig zog er die Tür hinter sich zu, setzte sich auf den Hocker und fing stockend an zu berichten: »Gestern Abend saßen wir in der Wachstube beieinander. Da kam das Gespräch auch auf Sie. Dabei fing einer an, furchtbar zu spotten und zu lästern, dass es uns anderen fast zu viel wurde. Um 10 Uhr war die Wachzeit dieses Mannes abgelaufen. Er verabschiedete sich von uns und ging. Am Ausgang sind drei Steinstufen. Dort rutschte er aus über einer Bananenschale und schlug mit dem Hinterkopf so unglücklich auf die Steine, dass er sofort tot war. Da habe ich direkt gewusst: Jetzt hat Gott geredet. Ich habe Angst bekommen vor Gott. Was soll ich tun?« Johannes stieg es heiß in die Augen. Er wusste auf einmal, warum Gott ihn hierhergeführt hatte. Und er hat die wenigen Tage seiner Haft genutzt, diesen Mann zum Herrn Jesus zu führen, der den Zorn Gottes stillt und uns Frieden schenkt.

Im Juni 1934, nachdem Johannes Busch seines Amtes enthoben worden und ihm das Betreten seiner Kirche verboten worden war, trat das Presbyterium zusammen und beschloss, den städtischen Saalbau zu mieten, damit er dort seine Gottesdienste halten konnte. Man kann verstehen, dass bei dieser Lage die DC-Presbyter den Mut verloren. Sie traten aus, und an ihre Stelle wurden weitere BK-Presbyter gewählt. Johannes aber hielt von da an seine Gottesdienste in dem großen Voß'schen Saal. Den Wittenern geht jetzt noch das Herz auf, wenn sie an jene erhebenden Gottesdienste denken. Da Johannes auch das Gemeindehaus für seine Bibelstunde verboten wurde, richtete er im Bezirk 16 Hausbibelkreise ein. Es erforderte von 16 Hausvätern einen großen Bekennermut, dafür die Wohnungen zur Verfügung zu stellen.

Johannes schreibt am 20. Juni: »Äußerlich hat sich an meiner Lage nichts geändert. Aber geistlich geht es vorwärts. Meine Gottesdienste im Voß'schen Saal sind überfüllt. Jedes

Mal überwältigt uns der tiefe Eindruck der Zusammengehörigkeit und Gemeinschaft. Genauso ist es in den Bibelkreisen. Das macht so ruhig auch in aller äußeren Unsicherheit, wenn man sieht, wie Gott in unseren Gemeinden wirkt …

Das gewaltigste Erlebnis in der letzten Zeit war die Barmer Bekenntnissynode. Es war dies die erste Nationalsynode der Bekenntnisgemeinden, eine Synode also, die aus dem ganzen Reich beschickt war. Ein unvergesslicher Eindruck! Alles, was so im Reich Gottes irgendwie Namen und Bedeutung hat, war da; wirklich fein, wie da doch im ganzen Reich die Dinge immer klarer werden. Mich interessiert am meisten, dass durchweg die würdigsten Vertreter abgesetzt oder sonst wie diszipliniert waren. Dass ich armes Würstchen auch dabei sein durfte, war mir eine besondere Freude, ich gehörte zu den 12 Abgeordneten von Westfalen. Da waren vertreten ganze Landeskirchen, vor allem Württemberg und Bayern, deren allmähliches Aufwachen und Geradestehen mit jubelnder Begeisterung begrüßt wurden.

Sodann waren die Vertreter von all den ›Freien Synoden‹ da, die stärksten sind wohl in Westfalen und Rheinland und Brandenburg. Daneben die Vertreter, wo die DC noch starke Übermacht haben, Männer, die aus direktem Martyrium kamen. Erschütternd war es, wie Superintendent Hahn aus Dresden, der Bruder des Baltenmärtyrers, berichtete, wie neun Pfarrer und eine Pfarrfrau um ihres Glaubens willen in Sachsen ins Gefängnis gehen mussten. Überwältigend war der Eindruck der brüderlichen Gemeinschaft und der festen Entschlossenheit, durchzuhalten, mag kommen, was will.

Am vergangenen Samstag hatten wir in der Westfalenhalle in Dortmund abends eine westfälische Treuekundgebung zur Bekenntnis-National-Synode. Es sprachen Präses Koch, Pfarrer Asmussen, Reichsgerichtsrat Flor und Wilhelm. Weil es nun abends war, konnten nur die Gemeinden aus der näheren Umgebung hin. Wir von Witten zogen mit fast 700 Leuten hin. Es war wieder köstlich. Man muss sich das ja mal vorstellen, wie das zugeht. Was selbst in Zeiten politischer Hochspannung nicht ging, geschieht da: Innerhalb von fünf Tagen wird ohne Flugblatt (die sind jetzt auch verboten bei uns), ohne Zeitung oder Plakate eine Versammlung eingeladen – und die Halle mit ihren 20 000 Plätzen war überfüllt …«

Die Verhältnisse wurden immer schwieriger. Die Synode bekam als Kommissar einen Mann, der in der Wittener Gemeinde als Gemeindehelfer gearbeitet hatte und wegen Untreue entlassen worden war. Der hatte jetzt unbeschränkte Vollmacht. Das gab viel äußere und innere Not.

In der berühmten »Kristallnacht«, als die Häuser und Läden der Juden in ganz Deutschland demoliert wurden, zog ein Trupp SS-Leute auch zum Pfarrhaus in der Wideystraße. Sie rissen den Gartenzaun um, zerschlugen die Haustür. Johannes war auf Reisen, und die arme Frau Grete war allein zu Hause mit ihren Kindern.

Morgens gegen drei Uhr kam der Hausherr zurück. Sein Herz wollte traurig werden, als er die Verwüstung sah. Aber er ließ alles so liegen, wie es lag. Gegen Mittag rief die Rathausverwaltung an: Das sei doch ein abscheulicher Anblick für die Beamten, die im Rathaus arbeiteten. Der Pfarrer möge gefälligst für Ordnung sorgen. Johannes erwiderte: »Ich habe nichts zerstört. Von mir aus kann alles so bleiben.« Da kamen stillschweigend Leute von der Stadtverwaltung und brachten den Garten wieder in Ordnung.

Im Dezember 1934 war die Verwirrung in der evangelischen Kirche so grenzenlos geworden, dass der nationalsozialistische Reichsbischof eine große Kurswendung machen musste. Im Zuge dieser Sache wurde das Amtsverbot für

Johannes aufgehoben, und am 1. Advent durfte er wieder in seiner Kirche predigen. Das war ein unvergesslicher Festtag.

Johannes erzählt davon: »Wie köstlich fing das an, als der Junge mich jubelnd weckte: ›Papa aufstehen! 's is Advent!‹ Rasch raus aus dem Bett. Und dann hatten wir in dem à la Gartenstraße geschmückten Wohnzimmer eine köstliche Morgenstunde im Glanz der Adventslichter. Herrlich! Was hatte der Junge für einen Spaß, sowohl am Anzünden und Brennen der Lichter als auch nachher am Ausblasen. – Und dann hatte ich eine Stunde schrecklicher Angst. Es strömte in nie gesehenen Scharen zur Kirche, dass ich nur zitterte um das rechte Wort. Die Kirche war so wahnsinnig voll wie wohl noch gar nie. Vom Chor bis draußen hin war kein Plätzchen mehr zu bekommen. Wie brauste der Gesang! Als ich dann reinkam und die ganze Gemeinde aufstand, konnte ich nur noch heulen. Ich musste immer denken, wie Gott einen beschämen kann. Menschen gedachten es böse zu machen, aber Gott hat es so gut gemacht. Wie muss bei diesem überwältigenden Aufstehen der Gemeinde den Deutschen Christen zumute gewesen sein! Wie schrecklich muss das sein, wenn es umgekehrt geht, das heißt, wenn Menschen einen halten wollen, aber Gott kann einen nicht mehr legitimieren.

Meinen Predigttext hatte ich aus Jesaja 43,18-25: ›Gedenket nicht an das Alte und achtet nicht auf das Vorige! Denn siehe, ich will ein Neues machen. Jetzt soll es aufwachsen, und ihr werdet's erfahren, dass ich Weg in der Wüste mache und Wasserströme in der Einöde. … Nicht, dass du mich hättest gerufen, Jakob, oder dass du um mich gearbeitet hättest, Israel. Mir hast du Arbeit gemacht mit deinen Sünden und hast mir Mühe gemacht mit deinen Missetaten. Ich, ich tilge deine Übertretungen um meinetwillen und gedenke deiner Sünden nicht.‹

Ich glaube, das war das rechte Gotteswort für diesen Adventsmorgen. Gedankengang: Gott Lob und Dank, dass er uns diese Wendung erleben lässt. Die vergangenen Monate waren nicht leicht. Wie haben wir Leid getragen! Aber wie hat wohl erst Gott, der Herr der Kirche, Leid getragen! Nun das Wichtigste: Gott hat schon viel eher Leid getragen, schon damals, als wir noch schliefen. Er sah die unbenutzten Bibeln, die toten Gebete, die leeren Kirchenbänke usw. und hat Leid getragen. Und darum hat er das Gericht über uns kommen lassen. Darum nicht auf das sehen, was uns Menschen angetan haben, sondern aus all dem Schweren die Stimme Gottes hören: ›*Mir* hast du Arbeit gemacht.‹ Wo das gehört wird, da entsteht die echte Buße: ›Ich tilge alle deine Übertretungen.‹ – So kommen wir auch zur wirklichen Erneuerung. Wir ringen um die Erneuerung der Kirche. All unsere Unternehmungen werden nichts ausrichten, den verfahrenen Karren wieder aus dem Dreck zu ziehen. Aber nun kommt der, der ›Weg in der Wüste‹ macht: ›Ich will ein Neues machen.‹ Da wird alles neu, wenn Jesus uns erneuert.

Wie machten die Leute so fein mit! Zum Schluss sangen wir noch nach dem Segen stehend: ›In dir ist Freude in allem Leide, o du süßer Jesu Christ!‹ Du hättest das Bild sehen sollen: die riesige Menschenmenge, Kopf an Kopf, so jubilierend, in der geschmückten Kirche, die unsere Gemeindeschwester mit ihren Mädchen so herrlich geschmückt hatte, an jedem Leuchter hing ein Adventskranz, und auf dem Altar ein Meer von Kerzen …«

Auf einer der ersten Bekenntnisversammlungen sprach der Essener Pfarrer Friedrich Graeber einmal in besonderer Weise über die Pfarrfrauen. Er erzählte von jenen Pfarrfrauen aus den Kämpfen der Reformationszeit, die angsterfüllt ihren Männern zu einer verleugnenden Unterschrift rieten: »Schreibt, lieber Herre, schreibt, dass ihr auf der Pfarre bleibt.« Diesen Frauen gegenüber stellte er das Bild der Sara aus dem Alten Testament: Als Abraham auf den Ruf des Herrn auszog und nicht wusste, wo es hinging, da zog Sara stillschweigend und selbstverständlich mit. »Sara zog mit.« Das wurde zu einem Schlagwort in den Häusern der Bekennenden Kirche. Die Frau Grete in Witten gehörte auch zu diesen Saras, die fröhlich mitzogen.

Das Haus hatte sich immer mehr bevölkert. Da war im Jahr 1934 der Albrecht geboren, 1937 der Eberhard. Im Jahr 1938 hielt der Christoph Einzug und im Jahr 1940 die Barbara.

»Kinder! Papa ist gerade wiedergekommen!«, ruft Frau Grete. »Er hat vom Bahnhof angerufen. Wer geht mit, ihm entgegen?« Frau Gretes Stimme schallt durchs Haus, und im Nu ist alles, was laufen kann, bereit mitzugehen. Die Ersten stürmen schon zum Haus hinaus, die Rathaustreppe hinunter, und dann die Breddestraße entlang. Nur mühsam kommt die Mutter mit den Kleinen hinterher.

Am unteren Ende der Straße taucht des Hausvaters großer »Ententeich« auf. Wer ist zuerst bei ihm? Schon wollen die Großen zum Endspurt starten, da ruft von hinten die Mutter: »Lasst auch mal die Kleinen Erster sein!« Die Großen halten in ihrem Wettlauf ein. Kleine unbeholfene Kinderfüßchen trippeln an ihnen vorbei. Johannes hat schon die Arme ausgebreitet, und mit Hallo und Geschrei begrüßt man sich – mitten auf der Straße. Es ist halt zu schön, wenn der Vater wieder nach Hause kommt. In gemütlichem Schritt geht es heim. Man hat sich so viel zu erzählen. Jedes der Kinder will zuerst drankommen, seine Erlebnisse loszuwerden. Durch den Rathausbogen geht es hindurch. Da liegt das Pfarrhaus, das Paradies. In tiefem Frieden steht der alte Bruchsteinbau da, eingebettet in das Grün der Bäume und Sträucher.

Zu den »Saras, die mitzogen« gehörte auch die Mutter Busch. An ihrem 80. Geburtstag hat Johannes in seiner Tischrede gesagt: »Du bist uns wie eine rechte Debora im Kirchenkampf vorangegangen. Du hast uns nicht zu kümmerlicher Vorsicht ermahnt, vielmehr hast du uns, wo wir drohten, müde zu werden, mit neuem fröhlichem Glaubensmut angefeuert. Als ich im Gefängnis war, schriebst du fröhlich, das sei doch nicht schlimm, wenn wir um des Glaubens willen im Gefängnis wären. Das allein sei schrecklich, wenn wir in Sünde und Schande fielen. Dein Vertrauen zum Heiland wurde uns auch in diesem Kampf zu einem fröhlichen Panier.« Das erscheint heute überhaupt wie ein Wunder, dass sämtliche Busch-Geschwister mit ihren Männern und Frauen einmütig in der Bekennenden Kirche standen. Im April 1934 sollte Johannes einen Bibelabend in der Stuttgarter Friedenskirche halten. Der Schwager Dr. Scheffbuch war mit seiner Frau in der Versammlung. Wie erschraken die beiden, als anstelle des Johannes ein anderer Pfarrer auf der Kanzel erschien, der nur den 46. Psalm las und mit einem Gebet schloss! Sie ahnten nichts Gutes. Der Schwager eilte sofort aus der Kirche zur Geheimen Staatspolizei und erfuhr nach vielem Fragen, dass Johannes verhaftet worden sei. In diesem kritischen Augenblick hat der tapfere Schwager sich nicht vorsichtig zurückgezogen. Er hat vielmehr das ganze große Gebäude rebellisch gemacht, bis er endlich den Verhafteten ausgeliefert bekam.

Diese Einmütigkeit aller Geschwister, Schwäger und Schwägerinnen kam herrlich zum Ausdruck, wenn man sich im Sommer bei der Mutter in Hülben traf. Da gab es allerdings auch Szenen, bei denen man nicht wusste, ob man weinen oder lachen sollte.

Es war ein schöner Sommertag. Die Frauen waren mit den Kindern schon in Hülben eingetroffen und saßen fröhlich erzählend unter den alten Buchen im Garten beieinander. Die Männer hatten noch irgendwo Dienst. Da geht auf einmal das Gartentor auf – und herein kommt Johannes. Er teilt mit, dass er in Witten abgesetzt und aus dem Amt geworfen sei. Jetzt wolle er erst mal ein paar Tage Abstand gewinnen.

Plaudernd sitzt man am nächsten Tag wieder unter den Buchen, da geht wiederum das Gartentor auf, und es erscheint unvermutet der jüngste Bruder Fritz. »Wir dachten, du seist in Danzig«, ruft man ihm entgegen. Da erzählt er, wie er unter schändlichen Umständen und mit viel Schikanen aus Danzig ausgewiesen worden sei. Nun war der Zweite gekommen.

Am dritten Tag erschien auch ich noch. Eigentlich hätte ich bei einer Evangelischen Woche in Stuttgart sein sollen. Aber am zweiten Tag hatte die Geheime Staatspolizei mich vorgeladen und ein Redeverbot erteilt.

Da saßen nun wir drei Brüder zusammen – alle drei verfemt[8]. Und alle doch so glücklich; denn sie waren alle eines Geistes.

8 = für vogelfrei erklärt, geächtet.

IN UNIFORM

Johannes Busch hatte inzwischen das Amt des Bundeswartes im CVJM-Westbund übernommen (mehr dazu im späteren Kapitel »Der Bundeswart«). In diesem Dienst musste er viel reisen. Nun aber ging die Reiserei ins Große. 1940 musste er Soldat werden. Dieses Reisen führte ihn schließlich über Frankreich tief nach Russland hinein bis zum Kaukasus.

Als Bundeswart fuhr er vor dem Krieg sein Auto selbst. Da hat er manchmal gesagt: »Es ist dumm, dass wir Pfarrer so wenig vom Technischen verstehen. Wenn ich schon einmal Soldat werden müsste, dann hätte ich nur den einen Wunsch, dass ich zu einer motorisierten Formation komme, damit ich den Motor von Grund auf kennenlerne.« Dazu hat er mehr als ausgiebig Gelegenheit gehabt: Er hat es in einem Transportregiment vom schlichten Soldaten schließlich zum Regimentsadjutanten gebracht. Aber bis dahin war ein weiter Weg. Zunächst ging es im Juni 1940 zur Ausbildung nach Tilsit.

Das war eine schwere Zeit. Er war doch ein Mann, der ein weiträumiges Leben geführt und große Aufgaben gemeistert hatte. Nun war er auf einmal dummer Rekrut, hineingestellt in einen stumpfsinnigen Militärbetrieb. Da hat ihn oft das Heimweh gepackt – das Heimweh nach seiner großen Arbeit und auch das Heimweh nach Frau und Kindern. Aber weil er sich in der Hand des himmlischen Vaters wusste, lernte er hier das, was ihm später durch alle Lagen hindurchgeholfen hat: Er lernte, Ja zu sagen zu Gottes Führung. Ein paar Auszüge aus den Briefen jener Zeit zeigen uns den Rekruten in Tilsit.

28. 6. 1940

Am Datum sehe ich, dass erst der 28. ist. Es will mir so scheinen, als ob ich schon Ewigkeiten hier wäre. War ich einmal Pastor? Es ist schon lange her. Aber glücklich bin ich, dass ich auch als kümmerlicher Rekrut ein Kind Gottes sein darf. Das Wort Gottes ist mir ein so unsagbar stärkender Trost wie ein Grüßen aus der Heimat. Und heute hatte ich die große Freude, in unserer Korporalschaft[9] noch einen Christen zu entdecken. Einer der Nürnberger ist Möttlinger und geht auch viel in den CVJM. Du glaubst gar nicht, was solch eine Entdeckung Freude macht! Da verstehe ich auf einmal, was der Paulus erlebte: »Da Paulus die Brüder sah, dankte er Gott und gewann eine Zuversicht« (Apostelgeschichte 28,15).

30. 6. 1940

Heute ist Sonntag! Weißt Du, mir geht es wie einem Mann, der sich ruckweise in einen Anzug hineinklemmt, der ihm nicht passen will. Der heutige Tag bedurfte wieder eines solchen Ruckes. Es ging schon gestern Nachmittag los. Nach dem Essen war großes Revierreinigen. Mit großen Strömen von Wasser, mit Schrubber und Besen machten wir eine Riesensauerei.

Heute – Sonntag – 6 Uhr aufstehen (sonst jetzt immer um 5 Uhr). Exerziert wird heute nicht. Sport und Singen. Dann Putz- und Flickstunde. Zur selben Zeit, in der Bruder B. seinen Hauptgottesdienst hielt, stand ich mit kohlschwarzen Händen in unserer Stube und bearbeitete mit Stiefelfett meine Langschäfte[10], weil um 10.30 Uhr Stiefelappell war. Da standen wir denn alle und fummelten unsere Sachen. Die

9 = kleinste Abteilung der Kompanie.
10 = lange Stiefel.

Kameraden sangen wehmütige, heimwehkranke Lieder. Und mein Herz dachte an den schönen Sonntagmorgen zu Hause: »Morgenglanz der Ewigkeit«!

2.7.1940

Allmählich hat man sich hier so eingelebt, dass ich mir wie ein alter, längst gewohnter Soldat vorkomme. Vor allem bin ich froh, dass das Zusammenleben in unserer Stube so fein ist … Mir ist überhaupt das Zusammenleben mit den Kameraden zu wichtig. Man lernt ungeheuer. Ich habe nicht gewusst, wie hohl und gemein die Welt ohne Gott ist.

Was haben wir Christen es gut! Es ist tatsächlich so, dass das Leben erst einen vernünftigen Inhalt bekommt, wenn es unter Gottes Licht kommt. Kann ich den Kameraden ein Segen sein? Ich weiß es nicht. Jedenfalls kommt die Frage nach Gott nicht zur Ruhe in unserer Stube. Und manche merken auf. Oft kommt es zu lebhaften Aussprachen. Aber die Hauptsorge ist mir, dass ich selbst nicht aus der Bahn geworfen werde. Weißt Du, bei dem harten Dienst, immer mit den anderen zusammen von früh bis spät, da muss man große Sorge tragen, zu einem geregelten Bibellesen zu kommen. Heute bin ich einfach um 4 Uhr aufgestanden, bin ganz leise ans Fenster, um nur einmal eine stille Stunde über der Bibel zu haben.

Der Dienst ist kolossal anstrengend. Heute Morgen hatten wir vier Stunden lang Exerzieren. So schöne Sachen wie »Hinlegen« usw. Anschließend gleich Unterricht in Schießlehre. Dazu die Bullenhitze. Unter dem dicken Uniformrock klebt das Hemd auf der vom Sonnenbrand glühenden Haut. Nachmittags Sport und Schießlehre.

3.7.1940

… Ich bin wirklich dankbar, dass mich Gott diese Zeit mitmachen lässt. Einen so interessanten Einblick in das Denken (oder auch Nicht-Denken) der heutigen Männer habe ich vorher nie bekommen und werde ihn vielleicht nie mehr bekommen.

Heute war ich Zeuge einer kleinen Tragödie. Der Berliner, eine richtige tolle Type aus der Berliner Unterwelt, hat Folgendes erlebt: Er lebt seit Jahren im Krach mit seiner Mutter. Nun habe ich ihn überredet, er soll ihr wieder schreiben. Schließlich hat er es getan. Heute kam die Karte zurück mit dem Vermerk: Verstorben.

6.7.1940

Ich bin erstaunt, dass ich bisher als Pfarrer keinerlei Spott zu tragen hatte. Nur mit einem an sich ganz netten Feldwebel gab es schon verschiedentlich kleine Zusammenstöße. Dieser Tage war Unterricht des ganzen Zuges (etwa 70 Mann). Da fing der Feldwebel an zu zoten[11]. Da fragte er: »Es ist doch hoffentlich kein Pfarrer hier?« Ich meldete mich sofort, worauf es ein kleines Gespräch gab. Heute auf dem Schießstand ähnliche Sache mit dem Feldwebel. Bei den Kameraden darf ich eine stille Achtung genießen, und manche hören auch auf das, was ich ihnen sage.

So weit die Briefe aus der Rekrutenzeit.

Im Sommer 1940 finden wir Johannes Busch in Neukirchen bei Moers. Da ist ein kleines Lager für gefangene Polen, die tagsüber bei den Bauern arbeiten. In der Frühe bringt er

11 = unanständige Witze erzählen.

nun die kleinen Trüppchen zu ihren Arbeitsstellen und holt sie am Abend wieder ab.

Das war eine schöne Zeit. Neukirchen ist ein Mittelpunkt geistlichen Lebens. Die Jungmännerkreise freuten sich, dass sie ihren Bundeswart nun so nah bei sich hatten. So war er hier recht zu Hause. Er schreibt einmal: »Heute Morgen besuchte ich vor der Streife den Besitzer einer großen Dampfmühle, einen Herrn Jochums. Der ist Leiter des hiesigen Jünglingsvereins. Wir hatten eine ungeheure Freude aneinander. Er erlaubte, dass unsere ganze Wachmannschaft samstags in seinem Betrieb baden kann. Meine Kameraden waren überglücklich. Heute Mittag fuhren wir gleich mit den Rädern hin. Ein großartiger Betrieb! Prima Brausebäder mit kaltem und warmem Wasser! Allgemeines Freudengeschrei. Mir war es lieb, dass die Kameraden gleich einen kleinen Eindruck von christlicher Bruderschaft bekamen …«

Bedrückend war für Johannes nur, dass er mithelfen sollte, diese armen Polen in Gefangenschaft zu halten. Sie waren in seinen Augen nicht Feinde, sondern unglückliche Opfer eines ungerechten Krieges.

Als er einst nach dem Appell auf der Wachstube saß, hörte er eigentümliche Klänge. Er ging ins Lager hinüber, um zu sehen, was das sei. Da fand er die Gefangenen eng gedrängt in einem Raum zusammen. Dort sangen sie polnische Choräle. Er schreibt von diesem Erlebnis: »Ein ergreifenderes und rührenderes Bild ist wohl kaum zu denken. Sie hatten an allen Fenstern die Verdunkelung geschlossen. Nur nach Osten, nach ihrem Heimatland zu, war ein Fenster weit geöffnet. Um dieses offene Fenster standen die 77 Mann und sangen mit verklärten Gesichtern ihre schweren, langsamen polnischen Lieder. Aus dem feierlichen Männergesang konnte ich nur den Namen ›Jesus‹ ab und zu verstehen. Der Eindruck war unbeschreiblich. Ich erlebte etwas von der Una sancta[12].«

Aber auch hier ging der Kirchenkampf weiter. Da er an den Sonntagen nicht viel Dienst hatte, predigte er gern in Neukirchen.

Und nun war einmal ein großer Jugendtag angesetzt. Wie freute sich Johannes, dass er den Festgottesdienst halten sollte! Während des stumpfsinnigen Dienstbetriebs beschäftigte sich sein Geist beständig mit seiner Predigt.

Zwei Tage vor dem großen Tag kommt er abends auf die Wachstube. Er hatte gerade seinen Gürtel abgeschnallt, da geht die Tür auf, und herein kommt der Feldwebel. Er ist etwas verlegen. Mit ein paar knappen Worten muss er dem erschrockenen Johannes mitteilen: »Es ist den Soldaten verboten, zu predigen oder öffentliche Reden zu halten.«

Johannes schreibt darüber an seine Frau: »Woher wusste die Kompanie, dass ich predigen wollte? Mein Name war öffentlich nicht bekannt gemacht worden. Ob wohl meine Briefe, die ich an Dich schreibe, geöffnet werden? Die Sache bedrückt mich mehr, als ich vor mir selbst wahrhaben will ... Aber ich habe ja gewusst, als ich Soldat wurde, und habe es in der ganzen Zeit immer wieder spüren dürfen, dass ich gegenwärtig eine besondere Schule Gottes mitmachen darf. Frau Inspektor Nitsch sagte eben: ›Nun wünsche ich Ihnen einen besonders fröhlichen Geist. Das ist dann auch eine Predigt für Ihre Kameraden.‹ ...«

Wenige Tage später heißt es in einem Brief: »Dass ich nicht predigen darf, bewegt nicht nur das ganze Dorf. Auch meine Kameraden fühlen sich fast persönlich getroffen. Es ist zu rührend. Sie waren vorher so stolz, dass sie einen Pfarrer

12 lateinisch = »eine heilige (Kirche)«.

unter sich hatten. ›Wir predigen‹, sagten sie. Und jetzt sind sie alle mit geschlagen. So ist der eine Segen wenigstens da, dass unsere Kameradschaft dadurch fester wurde.«

Eines Tages wurde das Lager in Neukirchen aufgelöst, und die Reise ging weiter. Es ist unmöglich, alle Stationen dieser Kriegsreise zu schildern. Diese Briefe aus den ersten Monaten seiner Militärzeit sind darum wichtig, weil sie zeigen, in welcher Einstellung er die fünf Kriegsjahre verbracht hat:

Er war entschlossen, Ja zu sagen auch zum Schweren und Ungewohnten.

Wenn er auch aus seinem Pfarramt und aus seinem Dienst als Bundeswart herausgerissen war, wusste er sich doch immer verantwortlich für die Männer, die Gott ihm in den Weg schickte. Er wollte ein Zeuge Jesu sein, wo auch immer er gerade war.

Er suchte überall die Brüder. Wo immer er hinkam, stöberte er Jesusjünger auf und suchte Gemeinschaft mit ihnen.

An dem Hass zwischen den Nationen wollte er sich nicht beteiligen. Er sah auch im »Feind« den Menschenbruder.

Er wollte ein guter Soldat sein. Seine Überzeugung war: Mein Zeugnis von Jesus wird mir nur abgenommen, wenn ich jetzt ein guter und rechter Soldat bin. –

Vom Jahr 1941 an war er bei einem Transportregiment in Russland. Wir wollen hier keine Kriegsgeschichten erzählen. Über sein äußeres Erleben hat Johannes wenig geschrieben. Auch im Urlaub wollte er nicht von den Schrecklichkeiten des Russland-Feldzugs erzählen. Nur ab und zu klang in seinen Briefen etwas auf von dem Grauen des Krieges. So schreibt er einmal im Sommer 1943: »Ich stehe in den letzten Wochen so sehr unter dem Eindruck, dass wir den Herrn durch nichts so betrüben, als wenn wir ihm nicht etwas zutrauen. In dieser Zeit voll losgelassener Mächte ist unsere tägliche Hauptübung, kindlich zu glauben und trotz allem fröhlich zu bleiben. Wie harmlos hat man das früher gesungen: ›Unverzagt und ohne Grauen soll ein Christ, wo er ist, stets sich lassen schauen.‹ Heute geht es nun durch die Proben hindurch. Und oft ist das so schwer. Aber die Barmherzigkeit Gottes ist doch viel größer als alle Verzagtheit und alles Grauen. Wie köstlich ist doch die heutige Losung: ›... ich bedecke dich mit dem Schatten meiner Hände.‹ Diesen treuen, für uns durchbohrten Händen befehle ich uns alle.«

Und im März 1944 heißt es in einem Brief:

»Wenn die Sorgen kommen wollen, dann überkommt es mich jedes Mal wie ein ganz großes Glück, dass wir ja beide ganz fest in Gottes Hand sind. Der hält uns beide in seinem Frieden. Wie muss das doch auch Dich so ganz still und getrost machen, dass Du das weißt, dass ich hier auf alle Fälle in des Herrn Hand bin. Und ich bin so glücklich, dass ich auch Euch da für alle Zukunft geborgen weiß. Wenn nur das auch meine Kinder für ihr ganzes Leben ergreifen, dass sie des Heilandes völliges Eigentum werden! Lass nur diesen Geist recht fröhlich durchs Häuslein wehen.«

Johannes war in einem Transportregiment. Direkte Feindberührung war selten, aber dafür hatte man umso größere Nöte mit den russischen Straßen, Partisanen und Fliegern. Im Jahr 1943 schreibt er einmal:

»Seitdem sind wir nun auf dem engen Raum, der uns verblieben ist, in starkem Einsatz. Aber die kurzen Strecken brauchen viel mehr Zeit, als die langen sonst benötigten. Hier ist alles Sumpf. Und seitdem es taut, muss man sich buchstäblich Meter um Meter durcharbeiten. So sind wir Tag und Nacht auf der Straße draußen. Die wenigen Dörfer sind so überfüllt, dass man sowieso kein Quartier bekommt. Seit 16 Tagen sind wir unterwegs und kommen in dem Sumpfgelände nicht vorwärts. Etwas zu schaffen machen uns die russischen Flieger, die mit allerhand Frechheit uns im Tiefflug besuchen. Im Übrigen sind wir guter Dinge. Ich durfte in all den Tagen so viel Trost aus Gottes Wort bekommen. Überhaupt gibt es so manche Freudenstunden zwischendrin.«

Hier wollen wir den Brief einen Augenblick unterbrechen. Es ist bezeichnend für Johannes, dass er nichts weiter von den Schwierigkeiten berichtet. Jeder alte Soldat ahnt, was hinter diesen paar Zeilen an Not und Verzweiflung stehen. Er aber erlebt »Freudenstunden«. Bezeichnend ist auch, was ihm solche Freude bereitete. Er erzählt:

»Dieser Tage bewältigte ich eine Sumpfstrecke so, dass ich alle meine Lkw (wir fahren gegenwärtig ohne Anhänger) mit Seilen aneinanderkoppelte. Es war also ein riesiger Geleitzug, wobei dann ein Wagen dem anderen hilft. Es war übrigens ein tolles Bild, all die großen Fahrzeuge. Da lag ein kleiner Wagen im Graben. Der Mann bat so dringend um Hilfe. Also koppelte ich ihn auch noch an. Schließlich blieben wir dann doch alle im Dreck stecken, und erst am nächsten Tag gelang es, wieder ein Stück weiterzukommen. In der Zwischenpause kam ich mit dem fremden Fahrer ins Gespräch, und er entpuppte sich als ehemaliger Bethelbruder, der Nationalsozialist geworden war und sich deshalb von Bethel getrennt hatte. Dem armen Kerl waren natürlich inzwischen alle seine Rosinen vergangen, und er war so dankbar für die Aussprache. Er war so furchtbar zerrissen innerlich und nahm all das wie ein Durstender auf, was ich ihm sagen durfte. Ich las ihm vor allem aus der Bibel vor, was mir in diesen Tagen so groß geworden war.«

Ja, die endlosen russischen Straßen im Wintersturm! Wir sehen sie förmlich vor uns, wenn er schreibt:

»Wir mussten Munition fahren. Bei Eiseskälte machten

wir stundenlang die Fahrzeuge bereit und konnten mit vier Stunden Verspätung der Kompanie folgen. Fahrt mit nur kurzen Unterbrechungen bis fast Mitternacht. Ja, was so ein Tag in sich hat, immerzu fahren, fahren! Die Straße ist schnurgerade, rechts und links die endlose russische Steppe, ab und zu etwas Wald, dann wieder kleine Dörfchen, fast vom Schnee zugedeckt, von unvorstellbarer Kümmerlichkeit. Wir waren in einer Hütte drin: ein Raum, ein Herd, um den und auf dem die Familie schläft; daneben die einzige Kuh, alles in dem einen Raum. Das Wetter war toll. Es wehte ein Nordwind, der ganze Wolken von Schnee vor sich hertrieb. So feiner Staubschnee, der sich sogar durch die Ritzen der Wagentür hereinpresste, sodass wir im Wagen ganz verschneit und vereist dasaßen. Dieser Sturm wuchs gegen Abend zu einem wahren Orkan an. So wurde die Nachtfahrt recht schwierig. Vor Schneewolken sah man kaum ein paar Meter weit und hätte doch gerne weiter gesehen, denn vor Schneewehen sah man die Straßenränder überhaupt nicht mehr. So würgten wir uns durch die Nacht vorwärts und kamen gegen Mitternacht am Ziel an. Am nächsten Morgen war dann die Entladung. Wieder langes Umherspringen im Freien. Wir traten gleich die Rückfahrt an. Wir nahmen Verwundete mit zurück. Die armen Kerle! Es kam etwas Stroh auf die Lastwagen, darauf wurden die Leute gelegt. 7 Stunden weit fuhren wir sie zurück. Die Kerle jammerten so vor Kälte und vor Schmerzen. O dieser Krieg! – So, nun will ich noch gründlich essen. Unsere Feldküche war in den Graben gerutscht und fiel deshalb aus. Und dann ins Bett – schlafen!«

Wie oft steckte seine Kolonne mit der Infanterie und Artillerie zusammen in einem russischen Kessel! So ein Transportregiment war wirklich keine »Lebensversicherung«. Da sitzt Johannes Busch eines Abends in seinem dürftigen Quartier und schreibt nach Hause. Plötzlich geht ein Feuerüberfall los, dass allen Hören und Sehen vergeht. Das Bauernhäuschen, in dem der Stab lag, hatte keinen Keller. So lag man auf den Boden gepresst, bis das ganze Haus über den Bewohnern zusammenbrach.

Als sich schließlich alle unverletzt aus Trümmern, Schutt und Staub herausgebuddelt hatten, sagte einer der Offiziere, die bisher über den Pfarrer immer ein wenig gespottet hatten, tief bewegt: »Ich kann Gott nicht genug danken. Ich habe ein Wunder erlebt.« Das war eine Freude.

Die zweite Freude erlebte Johannes am nächsten Morgen, als er versuchte, aus den Trümmern noch einiges von seinem Hab und Gut zu retten: Da fiel ihm seine Bibel in die Hand. »Nun habe ich das Wichtigste wiedergefunden«, schreibt er. Und wieder einmal war er davon überzeugt, dass er mehr Grund zum Danken als zum Jammern hätte.

Gewiss! Das sind keine besonders großen und schrecklichen Erlebnisse. Das haben die Menschen sogar in der Heimat erlebt, dass das Haus über ihrem Kopf zusammenbrach. Es sind schrecklichere Dinge geschehen in Russland. Johannes Busch hat sie miterlebt. Aber – er erzählte nichts davon. Er berichtete nur von diesen kleinen Ereignissen. Einmal schreibt er, am Silvesterabend des Jahres 1942, an seine älteste Schwester einen Brief, in dem er deutlich ausspricht, warum er sich bei dem Grauen und Schrecken des Krieges nicht aufhalten will:

»Ich möchte Dir keine Angst machen. Sonst schreibe ich ja nie davon. Aber es ist mir heute Abend solch ein Bedürfnis, es Dir und den Kindern noch einmal zu sagen: Dass uns der Heiland mit Gott versöhnt und uns seinen Frieden gebracht hat, ist so unbeschreiblich groß und schön, dass alles andere, wirklich alles andere seine Schrecken verliert. Wir dürfen nun ganz fröhlich allen Möglichkeiten ins Auge sehen, auch denen, die uns so bitter scheinen. Er, unser lieber Vater, hat uns aus unbegreiflicher Gnade angenommen, wir sind ja sein Eigentum. Er wird uns nicht fallen lassen. Ewige Errettung, das heißt nun doch, dass uns nichts mehr scheiden kann von der Liebe Gottes. Da mag uns dieses neue Jahr bringen, was es will, wir wollen unserem Herrn keine Schande machen, sondern ihn mit einem fröhlichen Herzen ehren. Es wird ja keine Stunde in diesem neuen Jahr sein, in der uns der Herr alleinließe, in der wir seiner Führung nicht mehr trauen dürften. ›Er wird dich mit seinen Fittichen decken, und deine Zuversicht wird sein unter seinen Flügeln. Seine Wahrheit ist Schirm und Schild.‹«

Unsagbar hat es Johannes bedrückt, wie sehr die Zivilbevölkerung unter dem Krieg leiden musste. Er hat uns einmal ein erschütterndes Erlebnis erzählt:

Die Autokolonne war an einem schönen Sommertag auf dem Marsch. Die Straße führte über eine kleine Holzbrücke. Kaum war der erste Wagen auf die Bohlen gefahren, da brach der Wagen durch den morschen Brückenbelag. Die Kolonne machte halt, die Soldaten sprangen ab, um den Kameraden zu helfen.

In diesem Augenblick kam eine russische Frau vorbei. Etwa sechs Schritte hinter ihr ging ihre kleine Tochter. Die Frau ging am Straßenrand, um an den Wagen vorbeizukommen. Gerade als sie zur Brücke einbiegen wollte, gab es einen furchtbaren Knall.

Die Frau war auf eine Mine gelaufen und zerrissen worden. Den Soldaten war nichts passiert. Aber Johannes sah entsetzt auf seine Uniform, an der die blutigen Fetzen hingen.

Da fiel sein Blick auf das fassungslose Gesicht des kleinen Mädchens, das plötzlich mutterseelenallein dastand und nicht begreifen konnte, wohin denn die Mutter gekommen war. Als er in dieses Kindergesicht sah, überströmte ihn der Jammer des Krieges so ungeheuer, dass er für einige Minuten unfähig war, irgendeinen Befehl zu geben oder ein Wort zu sagen.

Er schrieb später von diesem Erlebnis: »Diese russische Frau hat – freilich um einen hohen Preis – uns allen das Leben gerettet. Denn jetzt erst wurden wir darauf aufmerksam, dass die Umgebung der Brücke total vermint war.«

Mit besonderem Interesse hat Johannes darauf geachtet, ob er wohl noch Spuren des Christentums träfe bei einer Bevölkerung, die jahrzehntelang der antireligiösen Propaganda ausgesetzt war. Seine Freude war groß, wenn er solche Menschen traf. Wenn auch ein großer Unterschied besteht zwischen einem Christen, der aus dem schwäbisch-rheinischen Pietismus stammt, und den Angehörigen der russisch-orthodoxen Kirche, so erlebte er doch bei solchen Begegnungen immer wieder etwas von der Macht Jesu Christi. So fuhr er einmal an einem eiskalten Oktobertag im Jahr 1941 durch eine russische Stadt. An einer Straßenkreuzung musste er anhalten: Ein Zug Gefangener wurde von der Arbeit zum Lager zurückgebracht. Es war ein endloser und trostloser Elendszug. Die Wachmänner trugen lange Stöcke, mit denen sie die Gefangenen antrieben. Neben den letzten Gefangenen trottete eine Frau. Die fiel Johannes auf, und er fuhr langsam hinterher. Als sie in die Nähe des Lagers kamen, ging einer der Wächter auf die Frau zu, um sie wegzutreiben. Schon erhob er den Arm, da huschte die Frau blitzschnell unter dem erhobenen Arm durch, stürzte auf einen der verkommenen, schmutzigen Männer zu, umarmte ihn und gab ihm einen Kuss. Dann blieb sie wehmütig am Wegrand stehen, während der Zug ins Lager hineinging. Johannes musste immer die Frau ansehen. Alle paar Sekunden schlug sie ein Kreuz. Er schrieb zu diesem Erlebnis: »Zwanzig Jahre antireligiöser Propaganda hatten das Gebet nicht ausrotten können. Wir sollten nicht so kleingläubig sein. Wirklicher Glaube überdauert auch eine harte Zeit.«

Irgendwo in Russland parkte die Kolonne einmal in einem kleinen Dorf neben einer gewaltigen Kirche. Die Abendsonne verklärte das friedliche Tal und ließ das goldene Kreuz auf der Kuppel leuchtend aufstrahlen.

Gerade als Johannes aus seinem Wagen stieg, kam ein alter, ehrwürdiger Priester daher. Ihm fiel wohl der Offizier auf, der so andächtig diese Kirche betrachtete. So nahm er ihn beim Arm und redete auf Russisch auf ihn ein. Johannes verstand kein Wort davon, aber er begriff, dass der Priester ihm die Kirche zeigen wollte. Gern ging Johannes mit. Er war aber sehr betroffen, als er in der Kirche zunächst nur riesige Berge von Semetschki, das sind Sonnenblumenkerne, vorfand. Der Priester hielt einen langen Vortrag, in dem er alle Einzelheiten der Kirche erklärte. Wieder verstand Johannes kein Wort von der schönen Rede. Aber er erbaute sich einfach an der Rührung und Freude, mit der der Priester seine Kirche betrachtete. Nachdem sie die Kirche verlassen hatten, wollte Johannes Abschied nehmen. Doch der Priester hielt ihn fest und zog ihn in sein ärmliches Haus. Und nun fing der Offizier an zu staunen. Da waren die herrlichsten Bibeln, Bilder und Kreuze. Während der Priester das zeigte, wiederholte er immer wieder einen Satz so oft, bis der Johannes mit seinen schwachen russischen Sprachkenntnissen ihn begreifen konnte: »Sobald die Semetschki weg sind, kommt das alles wieder in die Kirche.«

Johannes stand erschüttert vor diesen Schätzen und überlegte: Wo waren alle diese Gegenstände während der letzten 20 Jahre? Dass diese Leute, die all das unter so viel Gefahren versteckt hielten, in solch langer Zeit nicht den Mut verloren haben! Sie müssen doch überzeugt gewesen sein, dass die Gottlosigkeit nicht immer dauern kann.

Eine Zeit lang war Johannes Busch »Offizier für geistige Betreuung«. Er musste bei allen Kompanien Vorträge halten. Natürlich durfte er dabei keine Evangelisationsversammlungen halten. Vermutlich war daran gedacht, dass bei dieser Gelegenheit die »nationalsozialistische Weltanschauung« in den Köpfen und Herzen der Männer verankert werden sollte. Dazu allerdings fühlte er gar keine Berufung. So besprach er mit den Männern die täglichen Fragen ihres Dienstes. Dabei konnte es gar nicht anders sein, als dass die Männer anfingen zu fragen. Die Antwort auf diese Fragen war das Evangelium. Gewiss war das nicht sehr erwünscht. Aber tief in Russland nahm man die Dinge nicht so genau.

Von diesen Vorträgen schreibt er einmal: »Heute hatte ich bei meinem Vortrag manchmal das Gefühl, als stünde ich bei einer Jungmännerfreizeit im Monbachtal. Ich hatte das sehr reizvolle Thema aus einem Soldatenlied gewählt: ›Kleine, tapfre Soldatenfrau‹. Drei Teile: 1. Ehefragen im fünften Kriegsjahr, 2. Verhalten gegenüber ausländischen Frauen hier draußen, 3. Wie schreibe ich einen Feldpostbrief? Ihr könnt Euch denken, dass aus dem Thema allerlei zu machen ist. Ich war ganz überwältigt, wie die sonst so verschlossenen Kraftfahrer auftauten.«

Eines Tages brachte die Feldpost dem Bundeswart nach Russland einen Arbeitsbericht des Bundesgauwarts Jourdan. Wer einmal im Feld war, der weiß, wie begierig man ist nach Berichten aus der Heimat. Da ist jeder Satz interessant. Aber nun zitterten ihm doch die Hände, als er in dem Bericht las: »In dem Dörfchen H., wo ich zum ersten Mal diente, hörte ich vom Wirken unseres lieben Bundeswartes unter seinen Soldaten im Osten. Der Ortspfarrer erzählte mir mit großer Freude von einem Mann, der als wilder Gegner des Christentums in den Krieg gezogen war. Als er im Urlaub nach Hause kam, beteiligte er sich freudig und eifrig am Leben der gläubigen Gemeinde. Und als die Leute darüber staunten, erzählte er von seinem Leutnant Johannes Busch, wie der ihn in sein Bibelstündlein eingeladen und ihm den Weg zu Jesus gezeigt habe.«

Da schrieb Johannes: »... Jawohl, ich kenne den Mann. Er ist ein Unteroffizier. Ich könnte laut heulen über diesen Bericht vor Freude. Ich meine immer, keiner nähme mir etwas ab. Und da hat nun einer solch einen Segen gehabt. Mir ist Erbarmung widerfahren, Erbarmung, deren ich nicht wert ...«

In einem weltverlorenen Städtchen tief in Russland hatte er ein wunderschönes Erlebnis. Er hatte gerade mit Mühe und Not seinen Wagen zwischen die vielen wartenden Autos vor der Ortskommandantur geparkt. Da fiel ihm ein Fahrer auf, der lesend in seinem Wagen saß. Lesende Soldaten findet man nicht oft. So ging er neugierig hin, um zu sehen, was den Mann so fesselte. Und was stellte er fest? Der Mann las das kleine Schriftchen von Johannes Busch mit dem Titel »Wo bist du zur Herberge?«. »Ich konnte es mir nicht verkneifen«, schrieb Johannes, »den Mann anzusprechen. Es war ein Schlesier. Sein Gemeindepfarrer hatte ihm das Schriftchen geschickt. Er war ganz fassungslos, dass ein gewöhnlicher Soldat ihm erklärte, er habe das Heftchen geschrieben. Es wurde dann ein erquickendes gegenseitiges Grüßen.«

Immer wieder tauchen in den Briefen aus Russland Berichte auf über kleine Bibelstunden, die er da und dort in seinem Stabsquartier einrichtete.

»Nachmittags war unser Soldatenkreis. Ich hatte den Leutnant aus Duisburg, CVJMler, angerufen und ihm auch Bescheid gesagt. Er kam auch und dankte nachher in der

Gebetsgemeinschaft so für empfangenen Segen, dass es mich ganz ergriff. Wie bin ich dankbar für diesen Kreis!«

Bei dieser Arbeit stand ihm eine Zeit lang der württembergische Pfarrer Grötzinger zur Seite.

»Gerade hatten wir wieder unser prächtiges Bibelstündchen. Leider sind die 4 Artilleristen nicht mehr hier. Aber zwei neue Infanterieleutnants waren da. Blutjunge Kerle. Voller Zweifel und einem blühenden Idealismus, aber sie kommen doch. Wir diskutierten von 8 bis halb 12. Grötzinger ist da eine feine Hilfe. Umso verheerender der ›National-Kirchler‹, der stets für die nötige Verwirrung sorgt. Zum Schluss lese ich das Lied, das mir immer lieber wird: ›Der Herr ist gut.‹ Da meinte der junge Leutnant, der eigentlich am meisten abseits ist, dieses Lied könne er ganz auswendig. Er ist natürlich ein Schwabe.«

Johannes Busch hatte eine besondere Gabe, die »Brüder« aufzuspüren. Denn richtige Christen sind keine Einzelgänger. Bei ihnen geht's nach der Weise Tersteegens: »O wie lieb ich, Herr, die Deinen, die dich suchen, die dich meinen! O wie köstlich sind sie mir! …« Als er mit seinem Regiment längere Zeit in der Krim lag, führte ihn sein Weg öfter an einem riesigen Holzlager vorbei. Eines Abends kam ein junger Mann gesprungen und rief freudig: »Guten Tag, Herr Bundeswart!« Das war zwar nicht sehr militärisch, aber brüderlich. Johannes verabredete mit ihm sofort, sie wollten jedes Mal, wenn er durchkäme, ein halbes Stündlein zusammen die Bibel lesen und beten.

So saßen sie eines Tages hinter einem Holzstapel und pflegten Gemeinschaft. Dabei fiel ihnen auf, dass der wachhabende Posten in immer engeren Kreisen um sie herumschlich. Johannes hatte den Verdacht, der sei vielleicht ein besonders eifriger Nationalsozialist, der hier gleich etwas Verdächtiges wittere. So rief er schließlich ärgerlich dem Posten zu: »Was wollen Sie denn?« Der stand stramm: »Verzeihung, Herr Leutnant, ich habe den Eindruck, Sie lesen die Bibel. Ich bin auch ein Jesusjünger und hungere nach Gemeinschaft. Wenn Herr Leutnant noch fünf Minuten warten wollten, dann werde ich abgelöst, und ich könnte teilnehmen.« Das gab eine Freude!

Aber solche Begegnungen sind besondere Festtage. Als Offizier hat man es nicht nur mit den »Brüdern« zu tun, sondern mit den Kameraden und mit seinen Soldaten.

Der Silvesterabend 1943 kam heran. Wer Soldat war, weiß, wie gefährlich solche Tage sind. Da ist es meist ruhig an der Front. Das Heimweh packt die Soldaten, und sie ertränken allen Jammer in Strömen von Alkohol. Johannes hat sich den Kopf zerbrochen, wie er das verhindern könnte. Und dann hat er einen Abend gestaltet, als wenn er eine CVJM-Jungschar vor sich hätte. Viel Freude gab's, als mit schwungvollem Gedicht der Chef den »goldenen Tonnage-Orden« erhielt und dem Koch ein geschmücktes Metzgermesser überreicht wurde. Dann wurde gesungen. Volkslieder und Kanons. Ja, und schließlich wurden auch Spiele gemacht. Die Männer hatten einen Riesenspaß beim »Stafettenlaufen« mit zwei Streichhölzern oder bei der »Reise nach Jerusalem«. »So gelang es mir«, schreibt Johannes, »die Leute bei einer frischen Fröhlichkeit zu halten, sodass ich um Mitternacht eine ernste Rede halten konnte, bei der alle ganz erstaunlich dabei waren. Ich bin so dankbar, dass die Feier so fein verlief. Manchmal allerdings kam ich mir vor wie ein Reiter, der ein bockendes Pferd zu reiten hat; denn immer wieder wollten ein paar der alten Fernfahrer in andere Methoden ausbrechen, Silvester zu feiern.«

Als der Krieg seinem Ende zuging, kamen schwere Nachrichten, mit denen Johannes Busch fertigwerden musste. Am 31. Januar 1944 schreibt er an seine Frau:

»Heute Mittag saß ich friedlich in meinem Zimmer und schrieb die nächste Bibelhilfe. Da kam auf einmal überraschender Besuch: Pfarrer Grötzinger aus Hülben, der hier eine Kompanie übernimmt.

Er erzählte mir, dass unser Bruder Fritz gefallen sei. Ich kann gar nicht sagen, wie traurig mich diese Nachricht gemacht hat. Unser lieber Fritz! Ich möchte immerzu heulen, so jämmerlich ist mir zumute. Wir sind sehr arm geworden in unserem Geschwisterkreis. Es ist durchaus nicht so, als ob einer von achten weggegangen sei. Er war der Reifste von uns allen. Obwohl er der Jüngste war, sahen wir alle hoch zu ihm hinauf. Ich ringe darum, alle Bitterkeit von dem Gedanken unter die Füße zu bekommen, dass er eben gerade deswegen schon sein Leben vollenden durfte, weil er für die Ewigkeit reif war. Ich habe kaum je einen Menschen kennengelernt, der so sehr wie er alles große und kleine Geschehen unter dem Licht der Ewigkeit sah. Und doch blieb er dabei so natürlich und fröhlich. Welch eine Fülle von reicher Erkenntnis hat er gehabt! Man kann es sicher nicht fassen, dass Gott ihn nicht noch hiergelassen hat zum Bau seines Reiches.

Ich weiß heute Abend sonst nichts. Mein Herz ist nur voll großer Traurigkeit. Ich habe nur den einen Wunsch, dass der Tod des lieben Fritz uns allen zum Segen wird.«

12. Dezember 1944! An diesem Tag ging ein fürchterlicher Fliegerangriff über die Stadt Witten. Flächenbrände zerstörten ganze Stadtteile. Auch das Pfarrhaus in der Wideystraße 4 ging in Flammen auf. Die Familie war nach Hülben evakuiert. So war niemand da, der löschen konnte. Was mag Johannes empfunden haben, als er die Nachricht bekam, dass sein Heim, die Heimat seiner Kinder, seine liebe Arbeitsstätte,

seine Bücherei – dass alles, alles verbrannt sei! Diese Nachricht traf ihn mitten in dem Grauen und dem Jammer der fürchterlichen Rückzugskämpfe.

Wenn man die seltenen Briefe jener Zeit durchsieht, sucht man vergeblich eine Zeile, in der er um den Verlust von Hab und Gut klagte. Im Gegenteil! Er schreibt wundervolle Trostbriefe nach Hause. Da ist ein Brief an den Frauenverein:

»Die Nachrichten, die ich bis jetzt von dem furchtbaren 12. Dezember 1944 habe, sind recht spärlich. Aber das eine spüre ich heraus, dass Ihr alle sehr schwere Stunden der Angst und der Not mitgemacht habt. Wie mag Euch ums Herz gewesen sein, als die Bomben dröhnten und die Brände loderten!

Welch ein Leid hat sich in wenigen Minuten über unsere liebe Stadt gebreitet! Ob auch Verluste zu beklagen sind, weiß ich noch nicht. Aber das eine weiß ich, dass wir alle, die wir Hab und Gut verloren haben, nun recht arm geworden sind.

Es ist mir jedoch so ein Anliegen, Euch gerade jetzt in dem fröhlichen Wissen zu grüßen: ›Warum sollt' ich mich denn grämen? Hab ich doch Christum noch, wer will mir den nehmen? Wer will mir den Himmel rauben, den mir schon Gottes Sohn beigelegt im Glauben?‹

Ihr lieben Frauen, jetzt ganz hin zu Jesus! Er stehe Euch bei in der großen Not und halte Euch ganz fest, wenn das Herz verzagen will. Der treue Herr will Euch mitten in der zerstörten Stadt Heimat und ein täglicher Quell der Freude sein. Und wenn ich einmal nach Hause komme und dann da, wo bisher mein liebes Häuslein stand, nur noch Trümmer vorfinde, dann wollen wir uns gemeinsam darin üben, uns von Herzen zu freuen, dass wir einen so reichen Heiland haben. Auf ihn sind wir jetzt ganz geworfen. Er wird uns nicht fallen lassen. ›Herr, mein Hirt, Brunn aller Freuden! Du bist mein, ich bin dein, niemand kann uns scheiden‹!«

Der März 1945 ist gekommen. Die Front bricht zusammen. Eine deutsche Stadt nach der anderen sinkt durch grauenvolle Fliegerangriffe in Trümmer. Die Reste des Regiments haben sich aus dem brennenden Köslin zurückziehen können und sind bis Kolberg gelangt. In dieser Stadt an der Ostsee werden sie endgültig von den Russen eingeschlossen. Kein Lebenszeichen erreicht mehr seine Familie und seine Freunde. Johannes ist wie Tausende andere gleichsam verschollen in dem Strudel des Untergangs.

Da kommt auf einmal noch ein Briefumschlag mit armseligen Zetteln an die Mutter. Man spürt den flüchtigen Bleistiftzeilen an, dass sie in höchster Not geschrieben sind: »Liebste Mama, es kann sein, dass Ihr keine Post mehr von mir bekommt. Sollte das der Fall sein, dann gib bitte meiner Frau Grete einliegenden Brief. Und helft ihr in ihren schweren Tagen. Dir noch einmal vielen, vielen Dank für alle Liebe. Wir bleiben im Heiland verbunden. ›Die den Herrn lieb haben, müssen sagen allewege: Der Herr sei hoch gelobt.‹« – Das »allewege« ist dick unterstrichen.

Und dann liegt in dem Briefumschlag ein Abschiedsbrief an seine Frau, der mit den Worten schließt: »Der Gott aller Gnade, der euch berufen hat zu seiner himmlischen Herrlichkeit, der wolle euch, die ihr eine kleine Zeit leidet, vollbereiten, stärken, kräftigen, gründen. Ihm sei Ehre von Ewigkeit zu Ewigkeit.«

Es sind erschütternde Sätze in diesem Brief: »Heute vor zwei Jahren lag ich mit meinem Zug in der so schrecklichen Situation im Schlamm von Slawjanskaja. Und heute vor einem Jahr fuhren wir von Winniza ab zu der wochenlangen

Leidensfahrt. Und jetzt im eingeschlossenen, brennenden, untergehenden Kolberg.«

Damit schien das Leben von Johannes Busch endgültig zu Ende zu sein. Es schien so! Aber Gott hatte noch große Aufgaben für ihn bereit. Da findet sich ein Zettel vom 15. März 1946 (dass Johannes 1946 geschrieben hat statt 1945, zeigt, durch welche Trübsale er gegangen ist, dass er schon nicht mehr genau weiß, in welchem Jahr man lebte): »Wir sind aus Kolberg raus! Unfassbar! Es ist mir wie ein Wunder. In abenteuerlicher Seefahrt hat es geklappt. Ich will den Herren loben allezeit ...«

In einem kleinen Boot wagte er sich auf die Ostsee, stieß dort auf ein größeres Boot und landete schließlich in englischer Gefangenschaft.

Die Engländer hatten in Schleswig-Holstein ein riesiges Gebiet abgesperrt, in dem die Gefangenen zusammengetrieben wurden. So hatte es Johannes hier viel besser als die Gefangenen, die am Rhein auf engstem Raum im Freien kampieren mussten. Wie groß war die Freude, als er entdeckte: In diesem Gebiet lag ein kleines Landhaus, welches dem Direktor Heitmüller von Hamburg gehörte. Heitmüller war Prediger einer großen Gemeinschaft in Hamburg und Direktor eines bedeutenden Krankenhauses, ein Mann, der in großer Vollmacht vielen den Weg zum Leben gezeigt hat. Schon früher war er mit Johannes herzlich verbunden. Aber nun entstand über dem Jammer und über den Trümmern des Krieges hier neue Bruderschaft. Das war ein besonders freundliches Geschenk Gottes an den einsamen Mann.

VON VORNE ANFANGEN

Durch die zertrümmerten, aufgerissenen und verwüsteten Straßen von Essen ging ein Mann von 40 Jahren. Überall im Land sah man jetzt diese abgerissenen Gestalten mit den »abgewrackten« Uniformen.

In der Nähe des Bahnhofs machte er halt. Erschüttert betrachtete er einen riesigen Trümmerberg. Hier hatte der Bruder gewohnt. Zwischen den Trümmern steckte ein Pfahl, mit einem Schildchen daran: »Wohne jetzt Wallotstraße 13. W. Busch.« Da machte sich der Soldat auf, die Wallotstraße zu suchen, die irgendwo in diesem ungeheuren Trümmermeer liegen musste.

So kam der Augenblick, wo mein Bruder Johannes an der Haustür schellte. Das gab ein Freudengeschrei!

Wir hatten uns viel zu erzählen. Vor unserem Geist stehen alle die auf, die nicht zurückkehren. Als Erstes der Bruder Fritz. An der Wand hängt sein Bild. Lange starrt Johannes bewegt auf dieses Bild. »Und dein Wilhelm!«, sagt er zu mir und blickt auf das Bild, das daneben hängt. »Und unser Neffe Heinz und …« Es ist erschütternd, wie groß die Zahl der Verwandten und Freunde ist, die nicht heimkehren aus diesem Untergang.

Dann kommt das Gespräch auf die Lebenden. »Denk dir«, erzähle ich, »wie es unserem Schwager Scheffbuch ergangen ist. Der kam in amerikanische Gefangenschaft. Nach ein paar Monaten haben die Amerikaner ihn entlassen. Freudestrahlend eilt er nach Hülben, wo seine Frau und seine Kinder sich aufhalten. Das aber ist französisches Besatzungsgebiet. Die Franzosen nehmen ihn fest und verschleppen ihn nach Frankreich in ein grauenvolles Hungerlager.«

Johannes wird bleich. »Der Arme«, murmelte er. Aber man merkt, dass seine Gedanken einen anderen Weg laufen. »Was ist mit dir?«, frage ich. – »Ach Wilhelm, ich wollte ja jetzt von hier auf dem schnellsten Weg nach Hülben zu den Meinen. Am 17. Juli haben mich die Amerikaner in Eutin entlassen. Auf dem ganzen Weg hierher hatte ich nur den einen brennenden Wunsch: Ich will meine Frau und meine Kinder wiedersehen! Aber wie kann ich jetzt nach Hülben? Die Franzosen würden auch mich festnehmen. Doch ich kann nicht noch einmal in ein Gefangenenlager. Ich muss jetzt meine Arbeit anfangen.«

»Ja, dann lass doch die Deinen jetzt zurückkommen nach Witten.« Johannes lacht bitter: »Ach Mann, Witten sieht genauso aus wie Essen. Von unserem Haus stehen nur noch die Umfassungsmauern. Alles, alles ist verbrannt, zerstört, vernichtet. Ich habe kein Buch mehr, nicht mal einen Bleistift. Und erst recht habe ich nicht den geringsten Raum, wo ich meine Familie unterbringen könnte. Nein, die müssen in Hülben bleiben. Und ich kann nicht hin. Gott weiß, wie wir wieder zusammenkommen sollen!«

Johannes geht nach Witten zurück. Es ist eine fürchterliche Zeit. Man kann nichts kaufen. Man hungert. Jeder, der im Ruhrgebiet noch am Leben ist, versucht, sich zwischen Trümmern eine notdürftige Bleibe zu schaffen. Die meiste Zeit kostet die Jagd nach Lebensmitteln.

Der Heimgekehrte läuft durch Witten. Es muss doch irgendwo einen Platz geben, und wenn es ein ganz, ganz kleiner wäre, wo er mit seiner Familie unterkriechen kann, um einen Start für seine Arbeit zu bekommen. »Ich mühe mich um eine Wohnung für uns«, schreibt er am 28. Juli an Frau Grete. »Alles sehr, sehr schwierig! Im Stadtinnern gibt es kaum brauchbare Wohnungen. Und die noch bestehenden sind überfüllt. Ich habe bei der Reichsbahn einen alten Waggon für uns erbeten. Hättest Du Mut, darin zu hausen? Aber ich weiß ja gar nicht, ob ich ihn überhaupt bekomme.«

Aber dann wird ihm mit einem Schlag klar: Ich kann und darf jetzt nicht meine Zeit verbringen, für mich und die Meinen zu sorgen. Ich habe einen Auftrag im Reich Gottes. Und der geht vor! – So legt er die Sorge um eine Wohnung Gott und einigen Freunden hin und stürzt sich in die Arbeit. Zuerst in der Gemeinde Witten. In demselben Brief vom 28. Juli schreibt er: »Die Fülle der Arbeit schlägt schier über mir zusammen. Alles liegt am Boden und muss neu angefangen werden. Du fehlst mir dabei entsetzlich. Da alle Gemeinderäume zerschlagen sind, ist der Sonntag der Gemeinde gar nicht einfach. Aber sie ist ja auch recht klein geworden. Auch die Jugendarbeit beginnt wieder ...«

Es ist unerhört, mit welcher Vitalität er jetzt ans Werk geht. Mag aus der Wohnungssuche werden, was will, er muss jetzt erst einmal nach dem Westbund sehen. Es ist ein Abenteuer, wenn man von Witten nach Barmen reisen will. Da hängt man sich an einen Güterwagen, oder man gibt einem britischen Offizier gute Worte, dass er einen mitnimmt. An einem Tag kurz nach seiner Rückkehr taucht Johannes Busch in seiner abgewrackten Uniform, die er durch ganz Russland geschleift hat und durch die Feuer von Kolberg, im Bundeshaus auf. Großer Jubel! »Los!«, ruft der Bundeswart. »Es muss ein Aufruf herausgehen an die Vereine. Es wird schwierig sein, Papier für die Briefe zu bekommen. Und es wird noch schwieriger sein, die Briefe an die Vereine gelangen zu lassen. Aber wir müssen die zersprengten Scharen wieder zusammenrufen.«

Bald darauf hält da und dort im Land einer von den Getreuen einen Brief vom Bundeswart in der Hand. Darin heißt es: »Ich stehe so stark unter dem Eindruck, dass Gott uns eine Atempause ganz besonderer Art gegeben hat … Packt heute noch die Arbeit an! Es darf keinen Tag damit gezögert werden.«

Er selbst ist inzwischen auf der noch viel schwierigeren Reise nach Bielefeld, wo er den Präses der Westfälischen Kirche aufsucht. Freudestrahlend schreibt er darüber an seine Frau: »Alles beginnt wieder. Ich hoffe, bald einen Wagen zu bekommen. Die Verhandlungen mit dem Kommandanten sind im Gange.«

Mitte August 1945 findet wieder das große Sennetreffen in Bielefeld statt. Als Johannes hinauswandert, ziehen die Erinnerungen durch seinen Sinn, wie er als junger Vikar zum ersten Mal dieses Sennetreffen mitgemacht hat. Wie viel ist seitdem zugrunde gegangen! Aber – er hebt seine Augen auf – nun strömt es wieder heran von allen Seiten: junges Volk und alte Leute, ehemalige Soldaten und Kinder, ausgemergelte, verhungerte Gestalten! Aber sie alle sind ja so glücklich, dass man nach dem sinnlosen Gebrüll der letzten Jahre und dem grauenvollen Geheul der Bomben nun wieder zusammenkommt, um Jesuslieder zu singen und das Evangelium zu hören.

Johannes in seinem abgeschabten Soldatenrock passt so gut zu diesen Leuten. Es geht ihm wie ihnen allen: Er besitzt nicht mehr, als was er auf dem Leib trägt. Und wenn er »nach Hause« kommt, nach Witten, dann wird ihm erst klar, wie entsetzlich heimatlos er ist. Freunde nehmen ihn auf. Er lebt mit vielen eng zusammengepfercht in einer halb zerstörten Wohnung. Aber aus aller Bitternis der Zeit schlägt die ungeheure Freude darüber empor, dass die Arbeit im Reich Gottes, in der Gemeinde und im Westbund anfängt, wieder aufzublühen.

Im September 1945 endlich gelingt es, die Familie nach Witten zu holen. Das ist ein Fest! Johannes kann das Glück kaum fassen. Und doch ist es ein recht bescheidenes Glück. Eines seiner Kinder schreibt von jenen Tagen:

»Es war im September 1945, als wir übermüde und hungrig in dem zerstörten Witten ankamen. Papa hatte uns schon eine Wohnung gesucht. Das Haus, in dem wir wohnen sollten, war die Waisenheimat. Oben im vierten Stock hatten wir ein wenig Platz. In unserer Wohnung fehlten zwar ein paar Scheiben, und der Schutt lag 20 cm hoch, doch da wir alle total fertig waren, legten wir uns auf den Boden und schliefen erst einmal. Nach einiger Zeit brachten uns rührende Gemeinschaftsleute heißen Kaffee und ein paar Brote. Wie immer wurde zuerst die Losung gelesen. Diese schien extra für uns herausgesucht zu sein: ›Der Herr denkt an uns und segnet uns.‹ Und wenn man manchmal nicht wusste, was man essen sollte, dann stand der Satz da.

Im Frühjahr war die Konfirmation des ältesten Sohnes, des Johannes. Viele Verwandte waren zu uns gekommen. Um 10 Uhr war Gottesdienst im Rathaussaal, denn in unserer Notkirche, einer Turnhalle, tropfte Wasser von der Decke. Vorne an der Wand hing das englische, das französische und das amerikanische Banner. Der Saal war bis auf den letzten Platz besetzt. Da zogen die Konfirmanden ein. Sie sangen: ›Stern, auf den ich schaue …‹ Johannes bekam den Spruch, der uns allen so lieb geworden war, ›Der Herr denkt an uns und segnet uns‹, als Konfirmationsspruch. Nach dem Gottesdienst gab es ein wunderbares Mittagessen. Onkel Wilhelm sagte bei seiner Tischrede: ›Als ich mir das amerikanische Sternenbanner in dem Saal ansah und die Konfirmanden sangen: *Stern, auf den ich schaue* …, dachte ich: Was haben wir doch für einen wunderbaren

Stern! Einen Stern, der weit schöner ist als die 48 amerikanischen Staaten oder Sterne.‹

Der Festkaffee war in unserer kleinen Küche. Durch die Fenster zog es herein, die Türen waren auch nicht dicht. Das Schlimmste aber war, dass durch die Decke das Regenwasser tropfte. Man konnte ja keinen Gast dort hinsetzen. So musste unser armer Konfirmand das Getröpfel über sich ergehen lassen. Müde legten wir uns nach diesem reichen Tag ins Bett. Der Mangel an Lebensmitteln und Kohle machten Papa und Mama besondere Sorge. Als Mama einmal gar nicht wusste, was sie uns zu essen geben sollte, sagte Papa: ›Sorget nicht für den anderen Morgen!‹ Noch am Abend kam eine Gemüsespende an. Nun hatten auch wir wieder etwas zu essen.

An einem Morgen stand Mama vor dem Herd und konnte nicht kochen, da weder Kohle noch Holz da war. Papa wusste in seiner Not nichts anderes, als einen Stuhl zu nehmen und ihn mit aller Gewalt auf den Boden zu schmettern. Dann nahm er ein Brotmesser und schnitt die Holzstücke für den Ofen passend.

Papa musste als Bundeswart damals schon wieder viel reisen. Man kann sich heute gar nicht mehr vorstellen, wie schwer das war. Normale Personenwagen gab es kaum. Meistens reiste man auf Güterwagen. Einmal musste Papa schnell zum Zug, doch auf der Straße war furchtbares Glatteis. Es war unmöglich, vorwärtszukommen. Da zog Papa einfach die Schuhe aus und lief auf Socken zum Bahnhof.

Einmal fuhr er mit unserem ältesten Bruder nach Siegen. Von Witten ging es mit einem Personenzug bis Hagen. Von dort sollte ein D-Zug nach Siegen fahren. Dieser entpuppte sich aber als ein beladener Güterzug. Die Bremserhäuschen waren schon übervoll. So mussten sie sich wohl oder übel auf einen der Flachwagen legen. Erst schlich der Zug langsam dahin. Doch vor Siegen fuhr er so schnell, dass Papa Angst hatte: ›Der hält gar nicht in Siegen.‹ Kurz entschlossen sprangen sie ab, als der Zug vor einem Signal hielt. In einem zweistündigen Fußmarsch erreichten sie Siegen. Diese gefahrvollen Reisen hörten endlich auf, als Papa einen Wagen bekam, den wir ›Fridolin‹ nannten.

Zu der Zeit wurde die Wohnungsnot immer drückender, denn in der Küche, in der zugleich gegessen, gespielt, gelernt und gekocht wurde, tropfte es immer noch. Die Wand zwischen Studier- und Schlafzimmer war brüchig. Aus der Wand war ein großes Stück ausgebrochen. Wir konnten nur notdürftig einige Fetzen Tapete darüberkleben …«

Mädchen-Ausgabe herauskommen, aber wer in aller Welt soll das denn nun machen? Ich habe doch alle Hände voll zu tun mit dem Aufbau des Bundes. Du musst mir helfen.«

So teilte ich Schrecken und Freude. Freude, weil wir nun ein Blatt bekamen. Schrecken, weil ich daran dachte, welch eine Arbeit das bedeutet.

Nun, Johannes hat sich nicht entmutigen lassen: »Wir sind damals – ja, eigentlich ohne unser Zutun – in den Dienst eines Blattes gekommen, von dem wir einmal sprechen müssen: ›Jugend unter dem Wort‹. Als wir damals, zitternd und zagend, mit viel Unerfahrenheit, die erste Nummer zusammenstellten, ahnten wir nicht, dass diesem unscheinbaren Blatt ein solch umfassender Weg verheißen sein sollte. Wir stellen mit Dankbarkeit fest, dass ›Jugend unter dem Wort‹ die weitaus meistgelesene Jugendzeitschrift in der evangelischen Jugend ist. ›Das ist vom Herrn geschehen, und ist ein Wunder vor unseren Augen.‹ Man mache sich einmal klar, dass in jedem Monat Tausende von jungen Menschen durch solch ein Blatt besucht, angesprochen und beeindruckt werden. Wissen die Brüder eigentlich, welch ein elender Schund in unseren Bürgerhäusern heute gelesen wird?«

Johannes selbst blieb der treueste Mitarbeiter dieses Blattes. Niemand kann die jungen Menschen zählen, die er durch seinen Leitartikel, den man immer auf der ersten Seite fand, angeredet hat. Jeder dieser Aufsätze ging nach der Tonart: »Du! Bruder!«

In stillen Nachtstunden saß er am Schreibtisch und war im Geist unter seinen jungen Männern, wenn er für die »Mitarbeiterhilfe« den seelsorgerlichen Rat, die »Stillen Gespräche«, schrieb. Und eine weite Kanzel bekam er durch seine Flugblätter. Namentlich die Karnevals-Flugblätter gingen in riesengroßen Auflagen hinaus. Als er bei Cochem verunglückte, weil ein betrunkener Karnevalist in seinen Wagen hineinfuhr, meinten viele Christen erschrocken:

»Hier hat unter Gottes Zulassung der Teufel sich rächen können dafür, dass Johannes durch seine Karnevals-Flugblätter ihm vielen Abtrag getan hat.«

Er hat auch ein Buch geschrieben, das in viele Christenhäuser gewandert ist. Darin hat er sich mit dem Abraham beschäftigt. Ich denke, dass er in vielen stillen Nachtstunden, wo er neben seinem treuen Fahrer Unger durchs Land fuhr, die Kapitel im Geist entworfen hat, bis dann am Schreibtisch das Buch seine Gestaltung erfuhr.

Aber allzu lange hielt er sich nicht am Schreibtisch auf. Es rief ihn immer wieder hinaus zu seinen jungen Männern.

Die Feste

Johannes Busch war ein festlicher Mensch. Er verstand es, Menschen mit der Freude anzustecken. Und er wusste: Wenn über einer großen Versammlung der Name »Jesus« gesagt wird, dann ist dieser Name wie eine köstliche Salbe, deren Wohlgeruch alle Räume erfüllt. So hat er es gewagt, Jungmännerfeste zu veranstalten, bei denen eigentlich nicht mehr geschah, als dass zur Ehre Gottes gesungen und geblasen wurde und das Wort Gottes gesagt wurde.

Weil er nach Kräften dafür sorgte, dass der kleinste Kreis treu gepflegt wurde, und weil er es mit der Treue im Kleinen selber sehr genau nahm, darum durfte er auch große herrliche Feste veranstalten.

Dabei beriet er sich mit seinen Mitarbeitern beständig über neue Ideen, wie solche Feste zu gestalten seien. Es ist uns allen unvergesslich, wie bei der großen Hundertjahrfeier im Stadion in Wuppertal aus jedem Gau des Westbundes ein junger Mann auftrat und den Gruß seines Gaues in der Form überbrachte, dass er ein Wort eines Gottesmannes zitierte, der gerade für diesen betreffenden Gau eine besondere geistliche Bedeutung hatte. Da kam dann ein Wort von dem großen Tersteegen, und gleich hinterher zitierte ein anderer junger Mann den Schuhmachermeister Rahlenbeck von Herdecke. Dem sagte einmal jemand: »Ich bin auch christlich, ich habe sogar ein Bild von Jesus an der Wand.« Da erwiderte Rahlenbeck: »Ja, an der Wand ist Jesus ja ganz ruhig. Aber wenn er ins Herz kommt – das gibt einen Rumor!« Es ging ein fröhliches Lächeln durch die Versammlung, als man dieses Wort hörte.

Es lag ein Glanz über diesen Festen. Im Jahr 1951 feierte man das Bundesposaunenfest in Bochum. Johannes berichtet darüber: »Herrlicher Auftakt! Eine Mitarbeitertagung mit 2000 jungen Männern! Und dann kam dieses Wunder des sonnigen Sonntags in der Fabrikhalle, bei dem über 30 000 Menschen den Klängen von 3500 Bläsern und dem Jubel unserer 1000 Sänger im Männerchor lauschten. Bochum war ein Beweis dafür, dass unser Werk mit Wort und Lied eine Botschaft hat, unter der Tausende von Menschen still werden.«

Da war das 105. Bundesfest in der riesigen Westfalenhalle in Dortmund. Der Westbund war durch Anfeindungen gegangen. Vollmächtig predigte Johannes Busch über das Wort, das Paulus vor dem Landpfleger Festus sprach: »Aber durch Hilfe Gottes ist es mir gelungen und stehe ich bis auf diesen Tag.« Allen Hörern ging es durch und durch, und sie begriffen, welch ein Wunder das ist, dass dieses Werk durch über hundert Jahre hindurch das Evangelium zu jungen Männern tragen durfte. Die Herzen wurden mitgerissen zur Anbetung vor dem, »der mit zerbrochnen Stäben stets seine Wunder tat und mit geknickten Reben die Feinde untertrat«.

105. Bundesfest des Westbundes in der Dortmunder Westfalenhalle, wo Johannes Busch vor 22 000 Menschen predigte

Es wäre ein Buch zu schreiben über diese Feste: Posaunenfeste, Turnfeste, Bundesfeste. Aber ich denke, es steht in den Büchern Gottes geschrieben, wie da junge Männer zu Jesus gerufen wurden, wie Müde aufgerichtet wurden, Irrende zurechtgebracht wurden, Trostlose getröstet wurden und der Name des Heilands verherrlicht wurde.

Das letzte unter seiner Leitung stehende Fest war das Bundesposaunenfest 1955 in Frankfurt am Main. Dort war ja die Heimat von Johannes. Als kleiner Junge hatte er mit Ehrfurcht den Römer und den alten Kaisersaal betrachtet. Nun war es für ihn eine herzbewegende Sache, dass der Rat der Stadt Frankfurt in diesem Kaisersaal einen Empfang für den Westbund veranstaltete. Der Oberbürgermeister seiner Heimatstadt begrüßte den Westbund. Und das Herz des Bundeswarts freute sich, dass der Westbund an dieser historischen

Stätte ein Zeugnis ablegen durfte von dem Herrn, der mächtiger ist, als alle die Kaiser es je waren.

Und dann die Festversammlung in der großen Ausstellungshalle! Hier hatte der Bundeswart am Morgen über die ernste Frage Gottes gepredigt: »Adam, wo bist du?« Diese Predigt war über den Rundfunk in viele Häuser gegangen und zu vielen Ohren und Herzen gekommen. Eine Fülle von Briefen, die später eingingen, gaben Zeugnis davon, dass diese Predigt auch die Gewissen getroffen hatte.

Im Weltbund des CVJM

Vom 21. bis 31. Juli 1947 kam in Oslo (Norwegen) die Weltjugendkonferenz zusammen. Johannes Busch berichtet in einem Artikel: »Es war schon eine bedeutsame Sache, als dort nun wirklich aus allen Erdteilen und von den entferntesten Gegenden her junge Menschen zusammenströmten. Jener erste Nachmittag, an dem die 1200 Delegierten zum ersten Mal in die gewaltige Philadelphiahalle hineinströmten, um die Eröffnung der Konferenz mitzuerleben, wird mir unvergesslich bleiben. Ihr hättet einmal das bunte Bild sehen sollen: Hochgewachsene blonde Nordländer gingen neben Afrikanern; da sprach ein junger Amerikaner eifrig mit einem jungen Burschen aus Madagaskar; dort drüben siehst du die bescheidenen, stillen Chinesen in ihren bunten Kimonos, wie wunderschön sind die Gewänder der dunkelhäutigen Inder! Es ist wahrhaftig schon ein buntes Bild, das sich uns da bietet. Und erst das Sprachengewirr, das uns beim Gang in die Halle umgibt! Jugend aus aller Welt!

Und über allen liegt die große Spannung, dass nun bald die […] Weltjugendkonferenz […] eröffnet werden soll. Da klingt auf einmal ein Lied auf, noch ehe die Konferenz wirklich begonnen hat, andere stimmen mit ein, die Orgel nimmt brausend die Melodie auf; ganz ohne Programm und ohne dass es einer geboten hätte, jubelt dieses Lied durch den Saal: ›Schönster Herr Jesu, Herrscher aller Enden, Gottes und Marien Sohn.‹ Das war Oslo! Hier kam die Jugend der Welt zusammen, um miteinander ein einmütiges Bekenntnis abzulegen: ›Jesus Christus ist der Herr.‹

Es war nicht leicht gewesen, in diesem Augenblick, in dem noch die ganze Welt an den Folgen des Krieges litt, so viel Jugend zusammenzubringen. Die Delegationen aus den überseeischen Ländern, aus Südamerika, Australien, den Philippinen und China waren teils auf dem Luftweg eingetroffen. Für die besonders starke Delegation aus den Vereinigten Staaten, die über 300 Mitglieder umfasste, hatte die amerikanische Regierung ein Militärtransportschiff zur Verfügung gestellt.

Und eine deutsche Delegation war auch dabei. Es war dies, nach all dem, was hinter uns lag, wahrhaftig nicht selbstverständlich. Es gab viele, die vorher meinten, es sei unmöglich, dass sich so kurz nach dem Krieg die Völker schon begegnen könnten; die Wunden seien noch zu frisch. Das war für mich das große Wunder von Oslo, dass wir dort mit einer solch herzlichen Bruderschaft empfangen wurden, wie kaum beschrieben werden kann. Schon bei unserer Ankunft auf dem Flugplatz wurden wir, insbesondere der Leiter der Delegation, Pastor Niemöller, lebhaft begrüßt. Den ersten Empfang veranstaltete im Beisein ausländischer Freunde Conrad Bonnevie-Svendsen, einer der Führer der norwegischen Widerstandsbewegung während des Krieges. So durften wir von vornherein den deutlichen Willen spüren, dass man entschlossen war, im Namen Jesu Christi einen neuen Anfang zu machen.

Wir haben uns die Begegnung wahrhaftig nicht leicht gemacht. Wir haben während der Konferenz gründliche Gespräche mit all den Delegationen der Länder geführt, von denen wir durch das schreckliche Geschehen des Krieges getrennt worden waren. Wir spürten bei diesen Gesprächen, wie zwischen uns eine furchtbare Geschichte von Blut und Tränen lag. Aber dann erlebten wir es, wie in diesen Riss der lebendige Christus trat, in dessen Licht man Vergangenes bereinigen kann und der uns zu neuem Anfang hilft. Wir konnten uns in seinem Namen die Hand reichen und offen und brüderlich die Nöte unserer Völker besprechen und austauschen. Ich werde diesen Eindruck nie vergessen, welch eine Gewalt und Wirklichkeit in christlicher Bruderschaft liegt.«

Das war die erste Begegnung, die Johannes Busch mit der Jugend der Welt hatte. Wir spüren an seinem Bericht, mit welch innerer Anteilnahme er sich in das bunte Leben einer solchen Konferenz gestürzt hat.

In demselben Jahr hatte er ein zweites ähnliches Erlebnis: Er konnte an der Weltbund-Tagung des CVJM in Edinburgh teilnehmen. Einer, der dabei war, berichtet: »Mit herzbewegenden Worten sprach er für Deutschland und für die unüberwindliche Bruderschaft unter dem Kreuz.«

So stark auch die Eindrücke auf solch großen Weltkonferenzen sind – wertvoller noch sind vielleicht Begegnungen im kleineren Kreis, wie sie Johannes erlebte, wenn er als Delegierter des deutschen Werkes an den Komiteesitzungen des Weltbundes in Genf teilnahm. Hier wurde ihm deutlich, wie gerade das deutsche Werk, das in besonderer Weise das Erbe der reformatorischen Botschaft verwaltet, eine Aufgabe hat in diesem weltweiten Werk. Unvergesslich ist vielen eine Sitzung, die 1953 in Genf stattfand. Es ging um den Wortlaut und die Stellung der »Pariser Basis« in der neuen Welt-

100-Jahr-Feier des Weltbundes 1955 in Paris

bund-Verfassung. Hier sprach Johannes Busch sehr deutliche Worte über das geistliche Erbe dieses Weltbundes und seiner auf Jesus gegründeten Basis, sodass der Wortlaut der Pariser Basis von 1855 unverändert in die neue Verfassung aufgenommen wurde.

Auch bei der Pariser Weltkonferenz im Jahr 1955 war er dabei. Das allerdings ist merkwürdig: Wenn er davon erzählte, sprach er kaum davon, dass er selbst eine wichtige Rede in einer der großen Versammlungen zu halten hatte. Er hat mir so wenig davon erzählt, dass ich ganz erstaunt war, als ich später in einem der Erinnerungsbücher ein Bild fand, wo er, umgeben von führenden Leuten des Weltbundes, vor vielen Mikrofonen auf dem Podium steht. Wichtig war ihm offenbar auf dieser Weltkonferenz etwas anderes. Davon spricht er: »Der denkwürdigste Augenblick in Paris war wohl der, als diese so mannigfaltige und bunt zusammengewürfelte Schar der jungen Männer noch einmal den Leitsatz bekannte, nach dem unsere Jungmännerarbeit zu geschehen hat, wie er in der Pariser Basis formuliert worden ist. Wir können gar nicht genug dafür danken, dass man sich dazu entschlossen hat, diese Pariser Basis nicht als eine geschichtliche Erinnerung oder als eine unverbindliche Verzierung anzusehen; man hat sich das Ringen darum nicht leicht gemacht, heute noch einmal zu bekennen, dass unser Dienst nur einen Zweck hat, nämlich den, ›junge Männer miteinander zu verbinden, welche Jesus Christus nach der Heiligen Schrift als ihren Gott und Heiland anerkennen, in ihrem Glauben und Leben seine Jünger sein und gemeinsam danach trachten wollen, das Reich ihres Meisters unter den jungen Männern auszubreiten‹.«

Die Kirche

Eigentlich müsste dieses Kapitel ganz vorne stehen. Es ist bei der Beerdigung von Johannes Busch sehr deutlich geworden, wie sehr er ein Mann der Kirche war: die Präsides der rheinischen und der westfälischen Kirche, eine Reihe Oberkirchenräte verschiedener Landeskirchen und über 100 Pfarrer im Talar folgten dem Sarg. Wenn wir jetzt von seiner Stellung zur Kirche reden, dann wird gleichsam der Hintergrund deutlich, auf dem seine ganze Arbeit geschah. Johannes war als ordinierter Prediger des Evangeliums in der westfälischen Kirche Landesjugendpfarrer von Westfalen und Mitglied der westfälischen Synode und aufgrund einer persönlichen Berufung auch Mitglied der Gesamtsynode der Evangelischen Kirche in Deutschland. Mit diesen Ämtern war er hineingestellt in das Leben der Kirche, und er hat diese Ämter sehr ernst genommen.

Als junger Pfarrer war er der »Bekennenden Kirche« beigetreten, und damit hatte er den Schritt getan, sehr aktiv am Ringen um die rechte Gestaltung und Verkündigung der Kirche teilzunehmen. Als der Kirchenkampf am heißesten tobte, im Jahr 1934, wählte ihn die westfälische Bekenntnissynode zu ihrem Jugendpfarrer. Das ist er geblieben bis zu seinem Heimgang. Sein Wort auf den Synoden wurde gehört.

Bei der Neugründung der Evangelischen Kirche in Deutschland anlässlich der Synode in Eisenach, bei der auch die neue Grundordnung verabschiedet wurde, hat Johannes Busch die Schlussandacht gehalten und durch dieses vollmächtige Wort viele Wellen geglättet, die während der Verhandlungen aufgeschäumt waren. Und ich werde es nicht vergessen, wie bei der Beerdigung von Johannes ein Synodaler mir immer wiederholte: »Sie können es mir glauben!

Sie haben ihn gehört auf der Synode. Es wurde still, wenn er sprach.« Dabei war es eine besondere Stärkung für ihn, dass gerade in der westfälischen Landessynode eine Reihe der führenden Männer des Westbundes als Synodale saßen.

Aber nun darf man nicht denken, dass sein Leben zwiespältig gewesen wäre, dass es halb der Kirche und halb dem Westbund gehört habe. Er war aufs Tiefste davon überzeugt, dass der Westbund ein lebendiges Stück der Kirche sei. Und er hat sich mit Leidenschaft dagegen aufgelehnt, als man eine kirchliche »Gemeindejugend« gegen die freie Arbeit der Verbände ausspielen wollte.

Auf der Bundesvertretung 1951 machte er darüber grundsätzliche Ausführungen: »Es war schon eine Überraschung, als sich nach dem vergangenen Krieg so etwas wie eine christliche Tagesmeinung bilden wollte, als hätten unsere Verbände, so vor allem auch unser Westbund, mit der Kirche nichts zu tun. Gott hat eine eindringliche Antwort darauf gegeben, dass es in dieser Stunde nicht darum geht, uns zu rechtfertigen. Aber wir müssen das einmal aussprechen. Dass wir aufs Tiefste darüber erschrocken waren, als man die verbandslose Form der Jugendarbeit plötzlich ›Gemeindejugend‹ nannte. Es hat uns verwundert, dass Menschen also hundert Jahre gesegneter Kirchengeschichte mit einem Federstrich beiseiteschieben wollten, als ob all das Leben, was wir etwa in unserem Westbund hatten, nicht ein gesegnetes Stück der Geschichte unserer Gemeinden gewesen sei, als ob das nicht über 100 Jahre hin im besten Sinne Jugend der Gemeinde, also Gemeindejugend gewesen wäre. Ich habe diesem Wort vor allem vorzuwerfen, dass es einen Monopolanspruch erhebt und so tut, als wären die, die in der Form der Verbände arbeiten, aus dem Anspruch der Gemeinden entlassen. Alle echte Jugendarbeit, ob sie mit oder ohne Verbände arbeitet, ist Gemeindejugendarbeit, weil unser Verhältnis zur Gemeinde nicht durch Organisationsfragen entschieden wird, sondern allein von Wort und Sakrament. Wir sind dankbar, dass sich in unserer Kirche in dieser Richtung neue Erkenntnis anbahnt. Statt vieler Stimmen hören wir den Leiter der Theologischen Schule in Bethel, D. Wilhelm Brandt, der in seinem Aufsatz über Diakonie in der Gemeinde (Jahrbuch der Theologischen Schule Bethel ›Wort und Dienst 1950‹) Folgendes schreibt:

›Die freien Vereine sind für Wichern die Organe beweglichen und wagenden Dienstes, den der schwerfällige Apparat der verfassten Kirche so schnell und anpassungsfähig nicht aufgreifen kann. Sie geben ihm die Form des Dienstes, der sich vom allgemeinen Priestertum der Gläubigen herleitet, der auch dann geschehen kann und muss, wenn die Träger des Amtes sich diesem Dienst versagen sollten.

Ich bin in der Tat der Meinung, dass diese Organisationsform, schlicht verstanden als eine Form des Dienstes aufgrund des allgemeinen Priestertums der Gläubigen, noch nicht überholt ist, wenn sie auch in den letzten Jahren besonders viel in Zweifel gezogen ist. Es ist nicht erlaubt, sie als weniger kirchlich zu bezeichnen, weil sie nicht von der Initiative des Pfarrers oder der verfassten Kirche ausgeht. Ob etwas kirchlich ist, entscheidet sich daran, ob ein Dienst in der Gemeinde vom Wort und Sakrament ausgeht und zum Gottesdienst der Gemeinde führt, nicht daran, ob ein Dienst unmittelbar vom Pfarramt oder der verfassten Kirche abhängt. Mir scheint es in der Gegenwart wichtig zu sein, diese Wahrheit zu betonen. Es gibt in der Kirche für niemanden und für nichts ein Monopol. Die Zurüstung der Heiligen zum Werk des Dienstes ist das Ziel der Gemeindearbeit.‹

Wir bleiben dabei, dass unsere einzige Antwort auf die an uns so oft gestellte Frage nur die sein kann, dass wir umso treuer und gehorsamer uns um die jungen Männer in den Gemeinden kümmern, dass wir umso fleißiger zeugen und beten, dass unter uns Gemeinde wird dadurch, dass der Herr jungen Menschen das Herz auftut.«

Wir müssen in diesem Zusammenhang noch einmal das schöne Wort erwähnen, dass der Freund von Johannes Busch, Pfarrer Rudolf Schmidt, in der Nachversammlung bei der Beerdigung sagte: »Er hat in 20 Jahren zwei Worte nie verwechselt: Er hat niemals das Wort ›Kirche‹ gesagt, wo er das Wort ›Jesus‹ sagen musste. Aber der Mann, der niemals das Wort ›Kirche‹ gesagt hat, wo das Wort ›Jesus‹ stehen musste, der hatte gerade diese unsere arme Kirche in all ihren Schwächen ganz, ganz, ganz lieb. Und er wusste, dass er gerade unserer Kirche damit den einzigen und schönsten und besten Dienst tat, dass er den einen Namen sagte, den Namen Jesus, weil er wusste: Nur von diesem Namen kann unsere Kirche leben.«

Fülle und Einfalt

Wir haben gesehen, welch eine Fülle von Aufgaben Johannes zugefallen waren, und wir haben noch lange nicht alles genannt. Es müsste gesprochen werden von seiner Mitarbeit in der Rheinischen Mission, von der Verbindung, die der Westbund zu der Evangelistenschule »Johanneum« unterhielt, von den Vorträgen, die Johannes regelmäßig über Jugendarbeit in den Predigerseminaren hielt. Es müsste erzählt werden von seiner Mitarbeit im »Gnadauer Gemeinschaftsverband«. Er hat viele Querverbindungen vom Westbund aus zu all den Arbeiten gezogen, die die Jungmännerarbeit berühren, und diese Querverbindungen waren meist nicht nur organisatorischer Art. Sie bestanden darin, dass er persönliche und lebendige Fühlung aufnahm.

Es war ein so reiches und ausgefülltes Leben, ein so vielseitiges Wirken und Schaffen, wie es nur wenigen Menschen geschenkt wird. Ganz gewiss taucht da bei vielen die Frage auf: Ist solch eine Vielfalt und Fülle nicht schließlich eine Verzettelung aller Kräfte und Interessen?

Da dürfen wir nun dankbar bekennen: Im Grunde waren diese mancherlei Aufgaben alle nur auf ein Einziges ausgerichtet. Dieses Leben war nicht verzettelt, es ging im Grunde nach dem Verslein von Zinzendorf:

»Einfalt denkt nur auf das Eine, in dem alles andre steht;
Einfalt hängt sich ganz alleine an den ewigen Magnet.«

Es ging Johannes Busch um den einzelnen jungen Mann, den er zu Jesus führen wollte.

Darum sei zum Schluss noch ein Wort von ihm angeführt, das klar und deutlich die Einseitigkeit dieser Zielsetzung ausspricht:

»Bei aller Jungmännerarbeit geht es im Grunde um drei ganz einfältige Fragen:

1. Wie erreiche ich den jungen Mann?
2. Wie sage ich ihm das Wort von Jesus?
3. Wie bringe ich ihn zum Dienst?

Es bekümmert mich, dass wir vor lauter Problemen und Experimenten an diesen drei einfältigen Fragen so zuschanden werden. Was strömen immer wieder für neue Ideen, für neue Versuche auf uns herein! Brüder, bleibt einfältig und exerziert[15] bis in die Tiefe hinein diese schlichte Aufgabe aller Jungmännerseelsorge!«

---

15 = einüben, trainieren.

FRAU GRETE

Unsere Mutter pflegte zu Johannes oft zu sagen: »Deine Frau heißt Margarete, zu deutsch: ›Perle‹. Und sie ist wirklich eine Perle.« Margarete verstand es, ihrem Mann ein Hauswesen zu schaffen, dass es ihm ging wie dem Matthias Claudius, welcher sagte: »Mein Herz freut sich, wenn ich von fern den Giebel meines Hauses sehe.«

Welch eine Frau sie war, geht aus einem Brief hervor, den sie im Februar 1943 an ihre Schwiegermutter schrieb: »... Ich bin so froh, dass die Kleinen die Alarme verschlafen. Schlafend überstehen sie die Kellerwanderung. Wir haben Bilder und Sprüche an die Kellerwand gehängt: die Kindersegnung und das Bild vom Guten Hirten ... Die Frau des Oberleutnants hatte mir geschrieben, dass ihr Mann schrieb: ›Wenn wir nur erst aus diesem Kessel heraus wären. Aber wie?‹ – Als ich da so las, was mir mein Verstand schon lange sagte, da war ich so am Ende meiner Kraft, dass ich meinte, grad verzweifeln zu müssen. Da beschloss ich nach dem Willen meines geliebten Mannes, es den Kindern fröhlich zu machen. Aber Gott weiß, wie ich auf Seine Durchhilfe angewiesen war. Die Kinder genossen es sehr. Wir machten einen Wettlauf um den Hammerteich, erst Johannes und Albrecht, danach ich mit den drei Kleinen. Großes Hallo, als wir fast dreimal so lange gebraucht hatten wie die Großen. Auf dem Heimweg erzählte ich den Kindern die Geschichte vom Fischzug des Petrus und vom Zachäus. ... Ich will Schluss machen. Meine Gedanken führen immer wieder weit weg in die bedrohte Ecke im Kaukasus. Gott sieht sie ganz gewiss. Wie müde muss mein armer Mann sein und hat ›nicht, wo er sein Haupt hinlegt‹. Es ist mir beschämend, wie sein Herz und Gemüt ganz in Gottes Willen ergeben sind. Bei mir ist's leider gar nicht so, ich hätte ihn so gern wieder daheim …«

Was war das für ein reiches und volles Glück, als der Frau Grete ihr Mann zurückgeschenkt wurde! Und dann – ja, dann tat Gott etwas Unbegreifliches. Im Januar 1951 zerschlug er dieses Glück und nahm die Mutter hinweg.

Vielleicht ist das schwere Sterben seiner Frau für Johannes eine Vorübung geworden für seinen eigenen Weg durch das dunkle Todestal. Er hat damals erzählt: »Es ist erschütternd zu sehen, wie auch am Sterbebett von Gotteskindern der Teufel alle Macht einsetzt, ihnen den Glauben zu rauben. Da versucht der Verkläger noch einmal zu verklagen. Aber welcher Friede kehrte bei meiner Frau ein, als ich ihr das Lied las: ›Aus Gnaden soll ich selig werden‹.«

Doch da wuchs dann noch eine andere Not empor. Sie konnte sich nicht von ihren Kindern losreißen. Immer wieder rief sie in tiefster Not: »Was wird denn aus meinen Kindern!? Wer soll sich um sie kümmern!« Da wurde dem Mann klar: Sie kann nicht ruhig sterben, wenn die Kinder nicht versorgt sind. So telefonierte er mit der ältesten Schwester: »Schicke uns doch deine Tochter.« Die kam sofort angereist.

Bewusst nahmen alle voneinander Abschied. Der Himmel stand über ihnen offen, als sie am Sterbebett der Mutter das Abendmahl miteinander feierten. Als Johannes seiner Frau den Kelch reichte, sagte sie von Herzensgrund: »Alle, alle meine Sünden hat sein Blut hinweggetan.«

Als Johannes seiner Frau die Augen zudrückte, fiel sein Blick auf ein Kärtlein, das auf dem Nachttisch stand. »Meine Augen werden den König sehen in seiner Schöne.« »Das darf sie nun!«, sagte er dankbar.

Von den Stunden danach schreibt er an seine Mutter: »Morgens weckte ich die Kinder. Da war freilich zunächst ein großes Weinen, als ich ihnen die traurige Nachricht sagte. Aber dann nahm ich sie in mein Zimmer und erzählte ihnen von der himmlischen Stadt und den goldenen Gassen, von dem großen Abendmahl und von dem Heiland, der gesagt hat: ›Vater, ich will, dass die bei mir seien, die du mir gegeben hast, dass sie meine Herrlichkeit sehen.‹ So konnten wir denn wunderbar erhoben an das Sterbebett gehen und Abschied nehmen. Wir sangen ›Himmelan‹ und andere Lieder und beteten miteinander. Dann holten die Jungen ihre Hörner und bliesen all die schönen Ewigkeitslieder …«

Johannes Busch hat selbst die Beerdigung gehalten. Die kleine schüchterne Lydia, sein jüngstes Töchterlein, fürchtete sich vor den vielen Menschen und blieb zu Hause. Als der Vater sich von dem Kind verabschiedete, bat er es: »Du musst jetzt sehr für den Papa beten, dass er nicht weinen muss und die Beerdigung halten kann.« Da versprach das kleine Mädelchen mit einem seltsamen Ernst: »Das will ich bestimmt tun.« So wurde der Vater getröstet durch die Fürbitte seiner Jüngsten, und sie war ein klein wenig getröstet durch die Aufgabe, die sie für den Vater hatte.

Eine große Zahl aus der Gemeinde Witten und aus dem Westbund hatte sich auf dem Friedhof um das Grab versammelt. Gewaltig bliesen die Posaunen zum Gesang: »Mit Mutterhänden leitet er die Seinen stetig hin und her …« Dann tritt Johannes ans Grab. Leichenblass ist sein Gesicht. Traurig stehen die mutterlosen Kinder neben ihm, als er mit fester Stimme beginnt: »Auf diesem Friedhof habe ich vielen Trauernden die Botschaft vom Lebensfürsten gesagt. Vielleicht habt ihr dabei gedacht: ›An dich ist's noch nicht gekommen, sonst würdest du wohl anders reden.‹ Aber nun – ist's an mich gekommen! Nun habt ihr das Recht, zu fragen: ›Bleibst du bei deiner Botschaft von damals?‹« In atemloser Stille steht die ergriffene Trauergemeinde, als er bekennt: »Ich bleibe bei der Botschaft von der Liebe Gottes in Jesus Christus!« Und es geht ihnen durchs Herz, als nun dieser geschlagene Mann zum Zeugen der Herrlichkeit des Evangeliums wird.

DAS LEBEN GEHT WEITER

Poch – poch – poch! Die junge Nichte, die nach dem Tod der Frau Grete das Hauswesen übernommen hat, klopft zaghaft an die Tür, hinter der Johannes abgrundtief schläft. Es tut ihrem Herzen weh, ihn zu wecken. Vergangene Nacht kam er wieder einmal erst um ein Uhr von einer Dienstfahrt nach Hause. Aber er will es ja so. Er will mit seinem Sohn Albrecht, der eine Lehrzeit in einer Fabrik durchmacht, die Morgenandacht halten. Der Junge soll nicht so sehr empfinden, dass die Mutter tot ist.

Die Nichte, Hanna Stöffler, schaut auf die Uhr. Es ist 5 Uhr. Es ist Zeit! Der Vater wäre sehr ärgerlich, wenn sein Sohn ohne Elternliebe am Morgen in den kalten Fabrikbetrieb müsste.

Bum – bum – bum! Sie muss kräftig klopfen. Dann ertönt darin die Stimme: »Danke!« Und wenige Minuten später sitzt er mit seinem Jungen am Frühstückstisch, liest ihm die Losung und betet mit ihm.

Seitdem Gott die Mutter abberufen hat, setzt er sein ganzes Herz daran, den Kindern eine rechte und fröhliche Heimat zu schaffen. Es ist nicht leicht; denn sein Dienst führt ihn ja immer wieder hinaus. Aber Liebe macht erfinderisch.

An einem Karfreitag sitzen sie alle miteinander gemütlich im Studierzimmer um das Radio und hören die Matthäus-Passion. Als der letzte Ton verklungen ist, schaltet der Vater das Radio aus und sagt: »So! Jetzt schwenken wir ganz zwanglos nach Ostern ein. Weil ich an Ostern unterwegs sein muss, habe ich heute schon im Garten die Ostereier versteckt. Jetzt wird gesucht.« Etwas erstaunt sehen die Nachbarn aus den

Fenstern. Die können nicht recht verstehen, wieso man am Karfreitag-Nachmittag Ostereier sucht.

Es ist Johannes eine Herzensfreude, dass es den Kindern auch sehr daran gelegen ist, recht viel mit dem Vater zusammen zu sein. So stehen sie gern morgens eine Viertelstunde früher auf, damit man miteinander Morgenmusik machen kann. Von Viertel vor 7 bis 7 Uhr steht der Vater mit seinen Söhnen im Garten. Dann blasen sie auf ihren Hörnern ein paar herrliche Morgenchoräle.

Besonders liegt ihm seine jüngste Tochter, die »Lütte«, am Herzen. Morgens nach dem Frühstück, wenn die älteren Geschwister aus dem Haus gegangen sind, nimmt er seine Jüngste auf die Schulter und geht hinaus in den Garten. Da besichtigen sie jedes kleine Blümlein und freuen sich miteinander über das Wachsen jeder Pflanze. Dieser Garten ist allen ans Herz gewachsen. Als man in der Johannisstraße einzog, war da nur eine jämmerliche Schutthalde. Wie schon früher in der Wideystraße hat Johannes mit seiner angeborenen Freude an der Gärtnerei sich darangemacht und mit seinen Söhnen wundervolle »Parkanlagen« geschaffen. Jawohl, so spricht man wohl lachend und übertrieben von diesem kleinen Garten, in dem kein Fleckchen ohne Pflege geblieben ist. Der besondere Stolz ist der Rittersporn. Eine große, leuchtende Wand steht da. Johannes hat einmal lachend gesagt: »Wenn ich einmal in den Himmel komme, möchte ich gern in die himmlische Gärtnerei. Und dort wünschte ich mir, dass ich in die Abteilung Rittersporn versetzt werde.« Kein Wunder, dass der Morgenspaziergang mit der »Lütten« eine wichtige und ausgiebige Sache wurde.

Der Bundeswart und Jugendpfarrer von Westfalen, der viel begehrte Evangelist und Festprediger, war unendlich viel unterwegs. Aber er verstand es, die wenigen Stunden, die er zu Hause sein konnte, zu einem Fest zu machen. Einmal hatte in dem geliebten Garten eine einzige Weinrebe Frucht angesetzt. Mit Spannung wurde beobachtet, wie die acht Beeren heranwuchsen. Und dann gab es zum Schluss ein gewaltiges Winzerfest, bei dem die acht Beeren feierlich verteilt und mit Andacht verzehrt wurden.

Man muss oft lange suchen, bis man eine richtige Familie trifft. Seltsamerweise war dort in dem mutterlosen Haushalt ein Familienleben, bei dem einem das Herz warm wurde. Wie schön war es an Weihnachten. Da zogen sie, wenn es dunkel wurde, miteinander hinaus auf den Friedhof zum Grab der Mutter. Dort spielten sie auf ihren Posaunen die herrlichsten Weihnachtslieder. Mein Bruder hat einmal gesagt: »Wir haben gar nicht gewusst, wie gut diese Lieder auf den Friedhof passen.« Es ist eine ergreifende Szene: Auf dem verlassenen, winterlich-kahlen Friedhof klingen feierlich von dem Grab her die frohen Klänge: »Heute geht aus seiner Kammer Gottes Held, der die Welt reißt aus allem Jammer …«

Dann geht's nach Hause. Es ist, als ob die Mutter unter ihnen wäre. Zunächst gibt es eine Feierstunde mit viel Musik und Bibelworten. Und dann – dann geht die Tür auf zum Weihnachtszimmer. Da steht der große Baum, den Johannes in stiller Nachtstunde selber geschmückt hat. Da findet jedes Kind seine Geschenke, die er selber mit Liebe eingekauft hat. Einer der Jungen entdeckt auf seinem Platz ein dickes Buch: »Die Welt von A – Z«. Er schlägt es auf und wird einen Augenblick still über der seltsamen Widmung: »Also hat Gott die Welt geliebt, die Welt von A – Z, auch mein Christöphlein.«

ES GESCHAH AUF EINER NÄCHTLICHEN STRASSE

Es war am Samstag, dem 28. Januar 1956.

Im Wittener Pfarrhaus klingelte das Telefon. Als Johannes den Hörer abnahm, meldete sich die vertraute Stimme seines Freundes Wilhelm Jung aus Siegen: »Sag, Johannes, willst du wirklich heute Nacht nach Trier fahren? Ich bin schrecklich unruhig. Die Straßen sind weithin vereist. Ich bitte dich: Fahre nicht!« Ruhig antwortete Johannes: »Natürlich werde ich fahren. Denk doch, was dort in der Diaspora-Gegend solch ein Jungmännertag bedeutet! Da kann ich jetzt nicht im letzten Moment absagen.«

Wilhelm Jung, der Präses des Westdeutschen Jungmännerbundes, wird erregt. Es ist, als spüre er das kommende Unheil: »Ich möchte als Vorsitzender des Westbundes dir am liebsten verbieten, heute Abend zu fahren! Die Straßen sind glatt und gefährlich.« Johannes lacht. Ihm tut die Fürsorge des treuen Freundes wohl. Der Mann, der seine Frau verloren hat, ist oft ein wenig einsam. Da ist es schön, solche Freunde zu haben, die sich um ihn sorgen und seinen Weg in Gedanken begleiten. Aber er kann sich in seinen Aufgaben auch nicht beirren lassen. Seinem Freund Rudolf Schmidt aus Meinerzhagen hat er einmal gesagt: »Über deinem und meinem Leben steht nicht die Verheißung, dass wir alt werden; aber über deinem und meinem und über unser aller Leben im Westbund und in der Verkündigung des Evangeliums steht das eine Wort: ›Die Sache des Königs ist eilend.‹ Es steht nicht geschrieben, dass ich ein alter Mann werde, aber die Sache des Königs ist eilend. Ich will sie weitertragen und will sie weitersagen, solange Gott einen Atemzug in mir lässt.«

So fuhr er los. Die Besorgnis von Wilhelm Jung war überflüssig. Die Straßen waren frei von Frost. In Koblenz wurde kurz haltgemacht. Bei einem Kaffee gab es einen kleinen friedlichen Streit.

Johannes sagte zu seinem treuen Unger: »Jetzt fahr ich einmal, Sie haben schon die große Strecke gesteuert. Jetzt müssen Sie ein wenig schlafen.« Energisch wehrte der ab: »Sie müssen morgen früh predigen und haben den ganzen Tag über viel Dienst. Da kann ich schlafen. Lassen Sie mich nur fahren.«

Also blieb's dabei: Unger saß am Steuer. Johannes hatte die Rückenlehne seines Sitzes zurückgeklappt. So konnte er sich zum Schlafen hinlegen. Es war immer eine seiner Stärken, dass er in jeder Lage und zu jeder Stunde schlafen konnte. Gleichmäßig rollt der Wagen auf Cochem an der Mosel zu. Es ist herrlich zu fahren. Die Straße ist wundervoll in Ordnung und völlig verlassen.

Da kommt ihnen auf der einsamen Straße ein Mercedes entgegen. Der 20-jährige junge Mann am Steuer hat eine Karnevalsfeier hinter sich. Er hat wohl auch allerhand Alkohol getrunken. Es ist nicht aufgeklärt, wie es geschah: Mit voller Wucht rast der Mercedes auf der falschen Straßenseite in den kleinen Volkswagen des Bundeswarts. Der Mercedes überschlägt sich und bleibt schließlich mit den Rädern nach oben liegen. Dem jungen Fahrer ist nichts geschehen. Etwas benommen kriecht er aus den Trümmern seines Wagens. Dort drüben steht, schräg über die Straße geschleudert, der demolierte Volkswagen von Johannes Busch. Der junge Mann geht darauf zu. Erschrocken sieht er: Der Fahrer sitzt tot am Steuer. Die Steuersäule hat ihm das Genick abgedrückt. Von den anderen Insassen kann er nicht feststellen, ob sie tot oder bewusstlos sind. Da packt ihn das Entsetzen, und er flieht in die Weinberge.

Verlassen steht der Volkswagen quer auf der einsamen Straße. Nach etwa einer halben Stunde wacht Johannes auf: »Wo sind wir? Warum fahren wir nicht?« Im fahlen Mondlicht sieht er, dass sein Freund Unger regungslos am Steuer sitzt. »Unger, warum fahren Sie nicht? Warum ist es so kalt im Wagen?« Der antwortet nicht. Johannes fasst nach seiner Hand. Da fühlt er: Sie ist eiskalt. Im selben Augenblick packt ihn ein rasender Schmerz im rechten Bein. Er will herausspringen und merkt: Es geht nicht. So bleibt ihm nichts übrig als zu warten.

Endlich – endlich kommt ein Wagen des Wegs. Der bremst, als er die Unglücksstätte sieht. Johannes winkt aus seinem Wagen. Und so kommt endlich eine Hilfsaktion in Gang. –

Johannes liegt im Krankenhaus in Cochem. Sein rechtes Bein ist mehrfach gebrochen. Wie ein Lauffeuer geht es durch das Bundesgebiet: Der Bundeswart ist verunglückt. Seine Freunde kommen angereist und finden ihn sehr bedrückt: »Weißt du«, sagt er einem von ihnen, »es ist schwer, dass ich jetzt wochenlang hier liegen muss, wo die Arbeit an allen Ecken und Enden ruft. Aber das kann ich alles ertragen. Doch – dass Unger tot ist – damit werde ich nicht fertig.« Es ist, als wenn er durch dunkle Wolken sich durcharbeiten müsste.

Als er einmal wieder in großer Schwachheit und Verzagtheit mit seinen bohrenden Schmerzen kaum fertigwurde, fiel ihm ein, dass jetzt gerade im Radio eine Bachkantate gesendet wurde. Er schaltete das Gerät an. Machtvoll ertönte der Schlusschoral:

»Gott hat es also wohl bedacht
Und alles, alles recht gemacht.
Gebt unserm Gott die Ehre!«

»Das Lied hat mich so erquickt«, erzählte er in einem Brief, »als sei ich schon im Himmel.«

So sorgte Gott immer für reiche Tröstungen.

Man legte zuerst einen »Eisernen Vorhang« um ihn, weil er bei dem Unfall auch eine schwere Gehirnerschütterung erlitten hatte. Aber als eines Tages einer seiner Mitarbeiter aus dem Westbund erschien, sagte er ärgerlich: »Lasst doch den Eisernen Vorhang hochgehen! Ich kann wieder anfangen zu arbeiten.«

Doch das dauerte nicht lange. Nach einer Operation fing das Bein an zu eitern. Es ging durch grauenvolle Schmerzen und Qualen. Die Freunde konnten es nicht länger mit ansehen. Sie suchten den berühmten Professor Bürkle de la Camp im Krankenhaus »Bergmannsheil« in Bochum auf. Ihm ist der Name von Johannes Busch nicht unbekannt. So ist er bereit, sein Urteil abzugeben. Er fährt sogar mit nach Cochem. Das Ergebnis von allerlei Verhandlungen ist, dass Johannes Busch in das Krankenhaus nach Bochum überführt wird. Das Bein ist nicht zu retten. Es wird amputiert. Eines Tages sitze ich an seinem Krankenbett. Da sagt Johannes: »Gestern war ich ganz verzweifelt. Jetzt bin ich ein Krüppel. Als Krüppel kann ich doch nicht mehr Jugendpfarrer und Bundeswart sein. Ich muss daran denken, wie ich mit meinen Kindern im letzten Jahr in der Schweiz war. Jetzt werde ich nie mehr mit meinen Kindern auf einen Berg steigen können. Ich werde nie mehr mit ihnen wandern können. Kannst du dir denken, dass ich ganz verzweifelt war? Auf einmal fiel mir das Bibelwort ein: ›Gott hat seines eingeborenen Sohnes nicht verschont, sondern hat ihn für uns alle dahingegeben. Wie sollte er uns mit ihm nicht alles schenken!‹ Da wurde mir die Gabe Gottes in Jesus so groß, dass ich mir selber sagen musste: Gott hat so viel für dich getan. Wie willst du Narr wegen eines lumpigen Beines jammern!«

So ging es für den vitalen Mann durch manchen inneren Kampf. Der Bundesvorstand hörte davon und schickte einen Brief, in dem er klar zum Ausdruck brachte: Du bist und bleibst unser Bundeswart. Wenn Du auch nicht mehr so viel reisen kannst, so wirst Du doch dieses große Werk im Segen weiterleiten dürfen.

Gott aber hatte es anders beschlossen. Trotz der Amputation ging die Eiterung weiter. Die Schmerzen steigerten sich ins Unerträgliche. –

Es war am Ostermontag 1956. In Essen hatten sich ein paar Tausend junge Männer zu einem Treffen versammelt. Nach dem erhebenden Gottesdienst fuhr der Vorsitzende des Bundes, Wilhelm Jung, zu einem kurzen Besuch nach Bochum. Tief bewegt kam er zurück und erzählte am Nachmittag den jungen Männern: »Es geht jetzt um Leben und Tod bei unserem lieben Bundeswart. Ich habe gesehen, welche Qualen er leidet. Aber er sagte mit kaum vernehmbarer Stimme: ›Die schrecklichen Schmerzen – das ist nur äußerlich. Innerlich bin ich ganz fröhlich.‹«

Der Arzt versuchte noch einmal eine Operation. Aber es war vergeblich. Als die Kinder am 14. April 1956 in das Krankenhaus kamen, hatte der Herr den Vater schon heimgeholt.

»WENN DANN ZULETZT ICH ANGELANGET BIN ...«

Am 18. April 1956 regelt ein großes Polizeiaufgebot den Verkehr vor dem Friedhof in Witten. Tausende und Tausende strömen herbei. Scharen von jungen Männern aus dem ganzen Bundesgebiet, denen die Tränen in den Augen stehen. Einer sagt: »Ein junger Mann, der am Grab eines Pfarrers weint – das ist ergreifender als alle Titel und Ehren.«

Eine gewaltige Erschütterung liegt über dieser riesigen Trauerversammlung. Ein Pfarrer sagt zu seinem Amtsbruder: »Jetzt beruft Johannes Busch seine letzte große Versammlung ein.« Vor dem offenen Grab steht der Sarg. Dahinter erhebt sich ein hohes Podium. Als der ältere Bruder halte ich die

Am 18. April 1956 säumten Tausende die Wege des Wittener Friedhofs, als Johannes Busch zu Grabe getragen wurde.

Trauerfeier. Der Schmerz will mich übermannen, als ich auf den Sarg hinuntersehe und auf die Schar der elternlosen Kinder. Ich lese den Text: »Da wurden die Jünger froh, dass sie den Herrn sahen.« Und nun wird mein Herz erfüllt von der Tatsache, dass dieser Herr Jesus dem Tod die Macht genommen hat, dass er lebt und inmitten dieser Trauerversammlung steht.

Nach mir betritt der Präses der Evangelischen Kirche von Westfalen, Wilm, das Podium. Man möchte vermeiden, dass eine endlose Reihe von Nachrufen die Teilnehmer ermüdet. So spricht er im Namen aller kirchlichen Stellen. Als treuer Freund des Johannes nimmt er die Lebensmelodie dieses abgeschlossenen Lebens auf, und wie ein mächtiger Befehl klingt es über dic Tausende hin: »Lasst uns die frohe Botschaft tragen von Volk zu Volk, von Land zu Land. Wir wollen unerschrocken sagen, was unser Herz in Jesus fand.«

Nun folgt Wilhelm Jung, der Präses des Westdeutschen Jungmännerbundes. Er spricht für alle freien Werke und Verbände. Man spürt ihm den ungeheuren Schmerz an. Aber nicht davon spricht er. Seine Rede ist gesättigt mit Worten Gottes. Und wo Gottes Wort gesagt wird, da beugen sich die Herzen und werden still. Jetzt treten junge Männer in weißen Hemden heran. Sie fassen den Sarg und lassen ihn hinunter in das offene Grab. In demselben Augenblick erheben die Posaunen ihre Stimme, und die Menge fällt ein:

»Wenn dann zuletzt ich angelanget bin
Im schönen Paradeis,
Von höchster Freud erfüllet wird der Sinn,
Der Mund von Lob und Preis.
Das Halleluja reine man singt in Heiligkeit,
Das Hosianna feine ohn End in Ewigkeit.«

Im schwäbischen Alt-Pietismus, der geistlichen Heimat von Johannes Busch, ist es Sitte, dass im Anschluss an eine Beerdigung eine »Leichenstunde« stattfindet. So wurde es auch an diesem 18. April gehalten.

In dem großen Saal des evangelischen Gemeindehauses versammelten sich noch einmal weit über tausend Menschen. Von der Galerie herab sagte Richard Lörcher, Bundesposaunenwart im Westbund, das erste Lied vor: »Der Herr ist gut, in dessen Dienst wir stehn …« Dann tritt ein Redner nach dem anderen ans Pult. Es ist von Johannes Busch die Rede, und doch nicht von Johannes Busch. Es ist viel mehr von Jesus die Rede. Und als am Schluss alle stehend singen: »Gloria sei dir gesungen …«, da ist aus der Trauerversammlung eine Trost- und Freudenversammlung geworden.

Die Tausende strömen nach Hause in ihren Alltag. Aber in ihren Herzen sind sie fröhlich geworden, weil Jesus bei seiner Gemeinde ist.

Und dann bleibt es so, wie einer der Freunde sagte:

»Alle Zeichen stehen auf Sieg.«